U0111819

大展好書　好書大展
品嘗好書　冠群可期

武學釋典
26

劉駿濤 著

以心悟道練太極

——從一點不會到太極拳高手

大展出版社有限公司

與恩師李雨樵

與恩師王永祥

與王琪老師

與太極名家廣祿師叔

與太極名家田秀臣師叔及武當太極拳名家晏洪濤師兄

與臺灣中華太極拳總會理事長林木火先生交流

與臺灣太極名家郭正勳交流合影

在武協年會與深圳武協主席馬志久及師兄馬建華合影

與好友能子先生

與早期弟子合影

與吳式太極名家戰波老師交流

與摔跤泰斗李寶如老師

指導學生英國格鬥金腰帶獲得者
Sean William Robins形意安身炮

與德國學生合影

太極拳練功照

太極拳照

演練技擊椿

形意拳練功照

練功照

收徒儀式與部分弟子合影

應德國學員托馬斯邀請訪問德國合影留念

目　錄

〈序一〉
太極迷霧中的明燈

詹志輝（社會學系博士）

　　剛開始學習太極時，覺得太極一直在迷霧之中，這些迷霧讓我對太極充滿疑惑，在學與不學之間猶豫不決。一直到遇見劉老師，才將對太極的疑惑解開，順利走進瑰麗的太極殿堂。

套路與行氣

　　我學習太極的初衷是因為年近五十，希望可以藉太極養生改善身體狀況。在跟隨劉老師學習太極的老架一路之後，慢慢感覺手上有氣；後來問針灸醫生，才知道這就是中醫所謂的「氣」。

　　太極的老架一路最重要的功用就是「行氣」。這裡的氣是指「元氣」，是人身上最基礎和重要的氣。針灸藉著針從穴道引外氣入體，並引動體內自身之氣。太極則是透過套路自發引動體內的氣。

　　「行氣」的好處是可以增強身體運作能力，自體對抗疾病。人的疾病有兩大類，一類是外來入侵的，如感冒病毒；另一類是自體產生，如癌症；身體氣的運行有助於治癒自體產生的疾病，也有助於抵抗外來入侵的疾病。

　　並不是所有太極套路都能引動身體的氣，許多套路走

叉了，已經失去引動「氣」的功能。即使老架一路也一樣，如果錯失老架的訣竅，就會變成無用的公園體操。

劉老師在書中對太極套路的訣竅有深入解析，像是立身中正、以指領勁、意在湧泉等；這些要訣讓學習者不會走岔，依照劉老師教導很快就能做到和針灸一樣的功能。我練老架一路半年之後，從手無縛雞之力的中年男，一下子變成手勁出奇大的力士，讓周遭朋友嘖嘖稱奇。

勁

內家拳和外家拳的區別在於用勁。外家拳的勁是肌肉勁，透過重量訓練得來；練習方法必須跑步、舉重、擊沙包、木人樁等。

歐美的白人和黑人人高馬大，肌肉力天生超越國人，加上歐美的拳擊，或是泰國的泰拳都有很好的訓練方式，因此，國人在這方面並不容易與外國人競爭。即使是李小龍也必須經過苦練才能在競技場據有一席之地。

內家拳的勁則完全不一樣，意拳宗師王薌齋身形並不壯碩，卻可以打遍高手，用的即是內家的勁。

劉老師具有渾厚的內家渾圓勁，這種勁源於丹田，透過氣的運載，送至身體終端；因此，雖然劉老師身形也不壯碩卻力大無窮。練內家渾圓勁必須站樁，包含養生樁、渾圓樁、技擊樁等，劉老師在本書中將站樁這個武林不傳之密無私分享給大家，是習武者之福。

用站樁練勁，用套路行氣，依照劉老師的教導，身體很快便具有技擊所需的強大力量，並具有強健之體魄。

聽

太極中最特殊的技能是「聽」。像劉老師這樣的內家高手，在技擊中，眼神一接觸就開始「聽」了。即使眼神藏住出拳意圖，雙手一搭，毫毛一動，絕對聽得見對手即將出手的方向。

我在看完王家衛的「一代宗師」之後，去請教劉老師詠春拳之中是否也有聽，劉老師練過詠春拳，因此笑著回答，詠春的聽是骨勁，太極卻可以聽到毫毛勁。

太極中所謂以柔克剛、四兩撥千金即是透過「聽」，在瞭解對手即將出手的方向之後，將對手力量引導偏移；因此對打時，聽力極為重要，聽力夠好，對手便很難打到你。

「聽」必須依賴推手練習，劉老師精研推手多年，功力非凡。我曾和臺灣太極拳拳師對練推手，讓我驚訝的是對方只推不聽，根本失去推手最重要的精神。跟著劉老師學習，太極聽力將會在正確的方向上突飛猛進。

擊

太極的「擊」很奧妙，有人說太極是以靜制動或是後發制人，這並非完全正確的說法。太極出手在對手動念之後，出手之前；在對手動念攻擊時，太極高手已經「聽」到，然後迅速化解對手的攻擊，或是先發制人。太極的攻擊有許多手法，可以在瞬間將全身的「勁」爆發攻擊，也可以運用擒拿制服對手；可以用太極的招式，也可以用別

的招式。所以，真正的攻擊不在招式，而是先「聽」住對手，然後「行氣」用「勁」，一邊化解對手攻擊，一邊攻擊對手，或是用招式制服對手。如果缺乏前面步驟只是死用招式，就離太極很遠了。

可惜的是，在許多視頻中的太極散手對打幾乎都是直接用招式，少有太極精髓。

劉老師是太極界的實戰高手，和當年王薌齋一樣，到處尋訪名師，從切磋和實戰中精進太極技巧。劉老師是能將太極的「擊」講到精髓，讓太極成為極具攻擊力的實學。

太極之極

《以心悟道練太極》在行氣、養勁、聽、擊上均衡發展，從初學者到精進者都可以從書上得到必要的協助。劉老師在書中不吝分享多年心得，讓學習者可以少掉曲徑，直通太極的核心，對想要深研學習太極者，是極大的福音。

序二

陳立宜

　　作為一個太極拳的初學者，當看到《以心悟道練太極》的稿子時，內心有著說不出震撼和感動。感動的是劉駿濤先生把教拳習拳的總結和心得，絲毫不藏私地公諸武林同好。震撼的是，太極拳的學習方式，有著更為直接有效的方法，可以讓學習太極的人，能夠更為容易地入門及進階。

　　敝人在2012年開始學習太極拳，並在2014年初正式拜劉駿濤先生為師。從老架一路開始打起，從周身不協調到慢慢地可以練習推手，從推到感覺骨勁到可以初步聽到皮膚勁，這個過程，我師父不單只有注重架子的調整，更是注重拳理的說明與解釋。使得原本具有神秘色彩，拳理紛多的太極拳，變得更容易瞭解和學習。尤其他自身示範太極拳中的沾黏連隨，上拔下鑽，周身輕靈等，都讓人覺得現實中太極拳竟還有此等功夫真實存在。

　　師父愛好中華傳統武術，除了太極拳以外，其他內家拳法如八卦、形意以及意拳，皆能深入拳理，得其精要。我請他示範形意拳時，周身整勁如鋼筋水泥般，找不到空隙，卻是整身都鬆。太極推手時，周身如水一般，摸不到絲毫的勁。發勁時，鉅力萬鈞，卻又能收能發。其餘用中

守中藏中，彈抖力等更不在話下。

他不拘泥於門派之隔閡，採取其他內家拳法之優點，融合進太極拳的教學中，強化並完備了太極拳的理論，使得學習太極拳的樂趣和體悟能更為直接實際，這是《以心悟道練太極》與其他太極拳學習途徑不同之處。如站樁得法可以有效地滋養丹田，丹田得養，能讓習拳更能精進。與太極拳架練習相輔，其進步更速。

我相信，一般教授太極拳的方式，多以打拳萬遍拳理自現的途徑，讓少數人透過時間與練習，慢慢進步。但是我師父提倡的，除了拳架以外，對於站樁與推手三者並進是太極拳功力往上提升的有效途徑。

中華武術，博大精深。不過因為時代演進，習拳者多求速成，罕對拳理深入研究。稍有研究者，常又因為門派之見，對於其他派別多不詳細瞭解。

近代能融合各家拳法而更上層樓者如，八卦、形意拳，大成拳，都已經是近百年之前的往事。《以心悟道練太極》是近代少有能採內家拳精華，融合進太極拳所完成的學習要訣。

書中把太極拳的幾個階段與實際上的練習方法仔細地寫出，拳架套路，站樁，推手，散手。並把內家拳練氣練神的方式具體化。

對於一般聽到內家拳理述說的玄之又玄的方式，我相信這本書是入門與進階內家拳的極佳教材，也是近代內家拳理論與實務的瑰寶。

有個故事，徒弟問師父說，按照我的程度，還要幾年

可以練到拳法小成，師父說還要十年。徒弟說，那我加倍努力呢？師父說，二十年。太極拳的練習，如果沒有對於拳理的體悟，就如這個故事一般，事倍功半。

或許您也碰過，推手推了十幾年，一開始搭手，馬上就頂。打了十幾年一口好拳，一搭手，還是頂。氣沉了丹田十幾年，打起拳架，還是氣留一截在肩上。說了鬆十幾年，一搭手，是丟不是鬆。說沾黏連隨十幾年，只能聽到骨勁。講了中正安舒，推起手來，上身脊椎搖搖晃晃。

大家花費了大量的時間練習，卻連基本的推手都無法做到十年練功十年功力，更不用論實用散打了。這代表著大家習武的效果，常常是事倍功半的。

一年形意，兩年八卦，三年太極（十年太極），是大家對於這三家內家拳一般學習時間的認識。我個人的心得，聽勁想要提升，腳步要輕盈，如果沒有丹田的基礎，進步與體悟的速度就會比較慢。但是盤拳架要把丹田練大，需要時間很久，因此，站樁法就可以彌補拳架對於丹田氣訓練較慢的問題。

丹氣不足，內家拳理說的一些事情，要體會就會比較困難。也許因為如此，許多學習者就會以其他的自己感覺與體會來闡釋內家拳理，如空鬆透散等。但是殊不知，丹田有物的空鬆透散和丹田無物的空鬆透散差距甚大。我相信這是許多內家拳練習者常犯的錯誤，因此丹氣的補足可以協助學拳者體悟拳理。

至於推手和拳架的功用，我想大家多已明白。如果能依照我師父書中說明的方法順序練習，持之以恆。相信三

年太極這件事情，一定有機會可以做到三年太極有成，而不會變成太極十年不出門。

《以心悟道練太極》這本書所述精要，跟師父教我們學拳的要領是一模一樣，也是我們每天打拳要去練習揣摩的。

很欽佩師父這樣無私地分享，為中華武術的傳承做出貢獻。也希望各位讀者們能從書中的每一字句，琢磨體會，功力精進。

前　言

　　我輩習拳練武，所為何來呢？在古時或曰安身立命，行俠仗義。而今日無非是：一強身健體，袪病延年；二防身自衛，克敵制勝；三尋找理趣，喜愛使然。

　　我天性好動，自幼便隨高鄰張廣明老先生學習八卦掌中的基本功法，從那時起就對內家拳法及眾多武林前輩高手心嚮往之。張先生曾師從八卦掌名家李子明先生，內家正宗，武藝高強，但因我年齡尚小，難以領悟內家拳法真意。

　　年紀稍長後遷居南方，得見南派拳術大師晏西征先生，隨先生習拳三載，其有：南拳、大小洪拳、虎拳等套路，先生教拳十分嚴厲，使我餘蔭直至今日。

　　一次假期出遊，巧遇恩師李超先生，並請試技，三戰三北，至此方見內家妙技。李師乃太極大師雷慕尼、洪均生二前輩之高足，藝高德尚，精陳式太極拳，其拳理博大精深。雖蒙恩師看重，收歸門下，潛心教導十餘年，但限於天資駑鈍，雖有體悟，亦難望恩師項背矣。

　　其間尋師訪友，以增見聞，得意拳大師恩師王永祥先生教誨，王先生拳法注重實戰，尤善實作技擊，守禦時如山似岳，發力時雷霆萬鈞。在先生嚴教之下，使我對內家拳理更有所得，感悟頗多。

　　南京王琪老師，民國時就讀於北京大學，期間師從國術大師韓其昌先生，精八卦掌、形意拳。雖八十高齡仍以

傳播內家拳法為己任，見筆者求道心切，不顧年邁，親自打手傳技，細心教導，筆者心中過意不去，多次將禮物和禮金送到老師家裡，但卻從來不收，前輩風範，永存肺腑。

2000年起，除尋師訪友外，因身邊一些朋友常感亞健康的困擾，便將所學太極拳教給大家練習，以求強健體魄，誰知一發不可收拾，從學日眾，為不負師恩，傳承我學，於2006年註冊深圳內家拳輔導中心，2008年更名為柔武堂太極拳功夫館，開始推廣太極拳文化。

為了提高現代太極拳的實戰水準，讓更多的年輕人瞭解真正的內家功夫，在教學中，一切按照傳統實戰方法進行訓練，使中國傳統武術能不斷的傳承下去。

筆者不才，為弘揚前輩拳理，遂將門內練習方法加以整理，並附以體會及技擊心得，編彙成書，希望讀者有所收益。

限於水準，錯誤之處難免，請各位師友指正，以利提高。

上　部

心道太極拳築基

〈基礎篇〉

第一章　去偽存真話太極

學拳不容易，學太極拳就更不容易了。

首先是拳理難明，因為太極拳是一種特殊的功夫，是一種專門研究省力的學問。

太極拳不同於一般外家拳，只要苦練就可以了，它不用明勁，硬力，而是練習內力，柔勁。其中包含了陰陽學說，力學原理及哲學思想。這就使初學者往往在學完拳架後，對進一步學習拳理難以理解。怎麼辦呢？看書吧！卻不知太極拳的書都不是給初學者看的，書中的話，往往因各人的悟性和理解不同，便會有各種不同的解釋，如對太極拳八法的解釋便千奇百怪，五花八門。可是你要說書寫錯了，那也不對。

書是有功夫的人，對這一層次自身體認的記錄，你看不懂是你的層次沒到而已。功夫在每一階段的體認是不一樣的，有的人十年前和十年後寫的東西意思完全相反，這也是很正常的。

再有寫書的人，為了增加太極拳的神秘性，大到天地宇宙，小到納米分解，無所不論，初學的人想把這些當作教材，只怕會霧裡看花，糊裡糊塗，貽誤時間，成就不大。「入門引路須口授」，看來還是找老師問個明白才行。

除了拳理難明，就是明師難得了。

　　這幾年太極拳發展迅速，到處可見練拳者的身影，但以我看，真有水準的太極拳師少之又少，一般的老師，只能說懂一些而已，打個基礎，學個架子還行，距明師二字遠矣。

　　就這些「小學水準」的拳師，懂那一點東西，還不一定教你呢！我就認識一個太極拳教練，在國內外都小有名氣，他就親口和我講了「三不教」原則：

　　一是沒錢的不能教，因為你辛辛苦苦的教他，也沒啥回報，白忙一場嘛，不能教。

　　二是有錢的不能教，因為就這點東西，你都教他了，他學完就不學了。

　　三是聰明用功有天份的不能教，他一學就會了，以後我都不如他了怎麼辦？不能教。

　　曾經有一位拳友問我：我隨某某老師練了十幾年，可還是不咋樣，技擊打不過練三個月拳擊的，養生也無明顯效果，這是怎麼回事呢？我是啞口無言，只能苦笑。

　　找明師不等於找名師，因為明師首先得有時間教你，現在的名師大多業務繁忙，自己都沒時間練，哪有空教導學生。就說拳架吧，老師有時間有耐心，一招一式教的都很少，更不用說推手餵勁，拆招做散手了。

　　明師更要明白拳理，太極拳不是廣播操，學完就完了，她內容繁多，相當複雜，學者必須在天天練習中不斷鑽研。這就要求老師必須要對拳理有深刻的認識，不斷引導學員走正確的方向。

　　明師還要會教，有的老師自己有功夫，但就是不知表

達。太極拳是哲理拳，包羅萬象，千篇一律的教，而不能根據每個學員自身的特點和悟性來因材施教，這樣的老師就算再有功夫，也不算明師。

千辛萬苦找到了明師，還要苦練，「功夫無為法自修」嘛，然而只是閉門苦練還不行，還要出去推手實戰，實踐是檢驗真理的唯一標準，所謂尋師不如訪友，你功夫怎樣，練到啥程度要檢驗才行。

那麼，太極拳能經得起實戰的檢驗嗎？相信大多數初學的人都會有此疑問。

有的太極拳師經常說：「我們太極拳好，博大精深，能以慢打快，以弱勝強。」但就是不能和別人過手，誰想和他試試勁，他說你還不懂呢，我和你比什麼，我們練的不是一種東西，我練的這是高深的，你練的太淺，只會打，層次太低了！

這真是奇談怪論，你說你太極拳練的那麼好，層次那麼高，怎麼還不敢和人比試呢？你說太極拳博大精深，但你一輩子也不和人交手，如何能瞭解別人拳術的勁路和特點呢？又如何學習他人的長處呢？不敢動手，反說別人不行，這只不過是夜郎自大，自欺欺人罷了。

把所謂「以慢打快，以弱勝強」經常掛在嘴上的這些太極拳師也根本不會實戰，他們只是有種自戀的情結罷了，這種技法也不符合自然規律，是不存在的。武術從來只講更快更強，我們太極拳也是在研究如何變慢為快，變弱為強。

經常有學員問我：這麼慢悠悠的拳，有實戰作用嗎？

答案是肯定的，長久以來太極拳是作為一種拳術而存在的，她的形成和發展是與技擊密不可分的，至於太極拳練時要緩慢，是因為其拳理與外家拳相反。

外家拳是在後天明勁的基礎上，不斷增強筋骨之力。太極拳則是固先天自然之力，剛開始練習時動作要舒緩圓勻，化後天僵力，養先天元氣，透過長期養練結合，由舒緩中求極速，鬆柔中求極剛，外示安逸，內伏堅剛，不發而發，這時產生的瞬間驚彈力，可快如閃電，猛如雷霆。

「太極者，無極而生，陰陽之母也！」無極是一種空洞混濁的狀態，在這種狀態下，陰陽具可包容，由無極而至有極的過程是陰陽分開的過程，這個過程的動靜開合，也就是太極。

太極圖中陰中有陽，陽內含陰，陰陽互換，生生不息，太極拳就是借鑒於此，取法於陰陽動靜之理，盈虛消長之機，附以武術技巧而逐漸發展起來的。它與憑藉外力制敵的外家拳種不同，是一種養練結合的內家拳！

太極拳的技擊與其它拳法的技擊最大的區別在於：「人不知我，我獨知人。」以拳架為根基，以推手而知變化，由散手而知應用。

拳架要吻合太極之理，陰陽變化，虛實轉換，周身一家。柔順鬆柔，均勻圓活。長期練習陰陽協調，動靜自然，融自身於天地，得養浩然之氣。太極拳丹田之氣奧妙無窮。內氣越足聽勁越靈。能聽到彼勁始能知變化，知變化才能判剛柔，知順背，控距離長短，如此方能百戰不殆。

太極推手，黏化在手連隨在步，上下相隨，周身輕靈，守中用中，於靜中感念對方。與來力相應不多不少，接勁絲絲入扣。虛實轉環，柔而化僵。捨己從人才能引進落空。借機得勢方能四兩撥千斤。敵不動，我不動，我意在敵先，敵微動，我先動，我意亦在敵先。太極拳要不斷推手實踐才能練出知己知人的聽勁功夫，只有經常與良師益友切磋，才能不斷進步。

散手是推手的提升。實戰之中生死搏鬥，與猛獸爭生存，唯精神要提得起，精氣神內三合高度統一，外示安逸，內伏堅剛，生死之地，存亡之道，皆在一瞬之間矣。

太極拳技擊實戰效果如何，只有透過主客方的實戰分勝負，能戰勝對方就是練功方法對，用的效果好，反之就是效果不好，用事實說明問題是唯一的原則。

大家在習練太極拳的傳統性、全面性、科學性和實用性方面下工夫，儘量瞭解太極拳的每個勁的技擊特點、體會技擊效果、發現問題、彌補不足。

如果在很刻苦用功的習練太極拳以後，感覺自己提高不多、進步不快，或總是不能達到你習練太極拳所追求的高深功夫和應敵制勝的實戰效果時，就要考慮所練太極拳有沒有起到練以致用的應有作用？是訓練方法的問題，還是拳架和推手及散手之間的銜接問題？是教練傳授失誤，還是老師的教學方法問題？只有在自身努力、練法科學的時候，理想和事實達到統一時，你追究求太極拳的理想效果才能在實戰中實現。

第二章　練太極拳的三個階段

　　跟老師學拳，先要練好拳架，把一招一式練熟之後，才進入太極拳的第一個階段**練體階段**。

　　練體階段也叫鬆沉階段，在這個階段主要就是練習肢體的柔順，透過每天練習拳架和單式，在輕、慢、圓、勻中去求得自身鬆柔力的不斷增加。在拳架初步達到柔順後，再去追求沉穩力的產生。這時的「鬆柔」可能並沒有真的放鬆，比如說，我們看見一個人在打拳，沒用拙力，也沒用僵力，軟綿綿的，很是舒服好看，但和人推手摸勁，便用上拙力了，要硬頂了，你一摸他的勁，便摸到骨底了，我把這種外表看起來鬆柔，其實並沒有真放鬆的表現叫做「假鬆」。鬆是筋骨放長之意，而不是軟丟，要想真鬆，就先要練沉，也就是通常說的「鬆沉力」。

　　「立身中正平心靜，意在湧泉把根生」，在練拳當中意念一定要放到下盤去，上虛下實，空胸實腹，架子大開大合。就像風拂楊柳，柳條雖隨風擺動，根基卻穩固，要有入地三尺之感，練拳的人要是根都沒有，站都站不穩，還談什麼別的。

　　所謂鬆沉勁，就是放鬆之中有沉著，在形體上周身內外，除頂勁虛領，舌抵上齶，會陰微提外，其餘身體各部分均有向下沉墜之意，功行日久，僵力自去，鬆沉合順之意，油然而生。

這個階段在推手的表現形式是「聽勁」能達到「骨骼力」。所謂「聽勁」，是用眼觀、耳聽及周身皮膚的觸覺來感知對方周身勁路各種變化的方式。感知的靈敏度，取決於太極功夫的深淺，又可分為「骨骼力」、「表皮力」、「毫毛力」三個時期。

「骨骼力」應視為聽勁功夫的起步。初練太極推手的人，對對方出勁的方向，路線和著力點往往判斷不準，等勁力已加身受制時，才知被動。在對方勁力的末端，才急忙應變。這時還是圈力多而化勁少的明勁。而經過一段時間的練習，化勁漸增而圈力漸少，步法沉穩，合勁出現，是練體階段成熟的標誌。

比如我們經常看到一些大師表演，讓很多人站成一排推他，或單腳站立讓人推，他卻巍然不動，這就是鬆沉力的表現。在這一階段是太極拳的基本功，除了放鬆的練習，還要注意內外六合的均整練習，具體練法我會在後面的文章裡提到。

太極拳第二階段是**練氣階段**。

說到練氣，先說呼吸。有人主張一招一式去配合呼吸，我覺得這是不科學的。人的體質有強弱之分，呼吸也有長短之別，硬去配合呼吸，反而使拳架不自然，太極拳動作緩慢舒展，勁力均勻，呼吸深長，自然配合，何必強求！

在練氣階段，須求心靜，心靜則神寧，神寧則氣歸，氣歸丹田則神氣完足，遍佈全身。

太極拳的氣，指的是人體中的元氣，也就是先天自然

之氣，是人體與生俱來的。中國傳統醫學認為：「氣為血之帥，氣行則血行，氣血調合，陰陽平衡。」練太極拳時應動中求靜，經由以意導氣，訓練內在，使氣血遍部全身，均勻連綿，久而久之，便可充實血脈，潤澤臟腑，抵禦外力。

拳論曰：「以意行氣，務令沉著，乃能收斂入骨；以氣運身，務令順隨，才能便利從心。」王永祥老師也常說：「以意行氣，氣至則力必達，氣者力也。」這一時期，在沉穩力的基礎上，還要加強上拔下鑽的練習。總之學者要想達到意到氣到，氣到力到，周身靈敏的整體反應，必須經過長期的拳架意識訓練。

這個階段在推手的表現形式是「聽勁」能達到「表皮力」。學者在經過一段時間的練習後，對於一般外來的長勁，在其形成的初始階段便能感知，明確判斷出對方的虛實變化，並可作出相應的應變，這時便可進入捨骨骼聽皮膚的練習了。

在太極拳練至相當高明的水準後，便會感到內氣充盈，筋皮骨肉有要脫離之感，肌膚表面反應靈敏，在這時已經能夠根據對方的皮膚表現出的力點而變化，達到「捨己從人，避實擊虛」的目的。在這時的推手練習中只給對手皮膚，而不讓其摸到自己的骨骼。在運動中勁路變化不定，處處不讓對手摸到實處，卻能控制對手的勁路，反控對手的力點。

太極拳第三階段是**練神階段**。

在體已順，氣已足的時期，拳架已經達到上拔下鑽，

所謂「下穿地球上沖天」的鬆沉虛靈之地步，推手技擊上也可化柔成剛，小有所成，自然便要追求拳理上的虛無變化了。

太極拳是意、氣、神、形的運動，意為氣頭，氣隨意行，心神合一，神氣合一，練精化氣，練氣化神，練神還虛，補先天之氣。其間虛無神妙，只可意會，唯靠自悟。當練至功行圓滿時，凝神於天門，則身輕如羽；凝神於地戶，則沉重如山；注神於氣海，則可得中和之道。

在與對手推手或實戰中，對其的短勁，驚彈勁，爆炸勁，能夠辨別出力的大小、快慢、曲折、著力點以及可能出現的各種變化，在對手勁路還未全部形成或形成初期，便作出明確判斷，並與以化解控制，這時「聽勁」方進入「毫毛力」。

在「毫毛力」時期，已不需與對手作皮膚上的接觸，而透過毫毛或精神上的感知，便可敏銳地覺察出對手勁路的輕重虛實，剛柔順逆，長短大小，高低左右種種變化，使其處處落空受制，順人之勢，克敵制勝。

練好太極拳，關鍵在於練好套路中的意念假借和推手中意念感知，真正作到拳架上的輕、慢、圓、勻、鬆、靜、沉、穩、實。還要不斷請明師餵勁，與益友切磋，「讀萬卷書不如行千里路」，只有不斷在實踐中體會，明確感知各種拳術，各種風格的勁路特點，才能達到「一羽不能加，蠅蟲不能落」，「人不知我，我獨知人」，「英雄所向無敵矣」的高級功夫。

第三章　入門功夫需口授

　　掌握和練好太極拳架的「動作要領」，是學習和提高太極拳技術的關鍵，拳架要練到周身一家，自然協調，才能為太極拳技的進步打下基礎。

第一節　心道太極拳的練習要點

1.立身中正

　　所謂心道太極拳，即以心悟道練太極。

　　立身中正是心道太極拳的基本要求，也是我對學員的重要要求。所謂中正，就是要使身體不可前傾和後仰，要保持尾閭中正，尾閭中正可以保證下盤重心的穩定。脊椎和腰胯不可以亂扭動，以保證周身的穩定性。

　　鬆腰坐胯，頂勁領起，內顧精神，守心靜氣，如此則自然能保持立身中正的狀態。

2.連綿不斷

　　太極拳的套路動作要連綿不斷，如行雲流水，又如江河奔流，滔滔不絕，以心起意，以意行氣，以氣運身，形斷而意不斷，週而復始，陰陽循環，一動無有不動，一靜無有不靜，動靜之間意氣相連，不可停頓，要源源不息，

使氣血流通，內勁充盈。

3.內外相合上下相隨

練習太極拳套路時周身上下內外，都要協調一致。內在精、氣、神，外在動作中肩、肘、胯各關節的虛實變化，都要相互配合，形神一體，呼吸自然。

以腰為軸，主宰全身，決不可局部自動，由腿而腰，脊柱節節貫穿，領動周身，渾然一體，長期練習，則混元內勁功成。

4.氣沉丹田意在腳下

在練習太極拳時，要氣沉丹田，但練拳時，切勿意守丹田，更不可用意念來引導呼吸，將氣強行下壓至丹田。

在站樁有了一定基礎的太極拳習練者，是會自然的腹式呼吸的，但初期的練習者應把意念放在腳下，自然向下放鬆，先鬆內心，再鬆全身，氣息自然下沉，注入丹田。如此練習，鬆沉勁可成。

上身鬆靜如柳，腳下安穩如山，太極拳功夫必然大進。

5.輕、慢、圓、勻

太極拳是練心、練意的拳術。在練習拳架時要保持輕鬆自然的狀態。走架要輕，不用拙力，以意行拳。步法也需輕靈，輕起輕落，如臨深淵，如履薄冰，自然舉動輕靈，虛實分明。

太極拳以靜制動，雖動實靜，練習拳架時和緩輕柔，

徐徐而行，速度越慢越好，卻又務求勻速，不可忽快忽慢。走架運勁圓活順遂，勁力分佈均勻，使呼吸自然深長。練完拳後感覺神清氣爽，舒適輕鬆。

6. 無人作有人

心道太極拳的拳架講究以心運勁，在練拳時應感覺外在給自身的壓力，如同有人在對我不斷的施加外力，又如同四周的空氣像膠水般對我加以束縛，我則在不丟不頂的狀態下，保持內在與外在的平衡。

動作要沉著而不僵緊，放鬆而不散泄。以心起意，以意領動作，細細體察，意至氣到，氣到力達，日久黏勁方能生出。

7. 拳架中的放鬆

太極拳是一定要講放鬆的，但我發現很多在拳架中一心想著放鬆的人，在一學習推手時，還是「頂」和「丟」，這樣的鬆，我叫做假鬆。

放鬆一定是先求心鬆，心意鬆，周身鬆。內心的放鬆，是真正的放鬆，才能率領全身放鬆，從頭頸、肩、胸、脊背、腰、胯、膝關節、小腿、腳底、手、肘、腕、手指各個部位都需完全鬆開，關節有拉長之意，肌肉骨骼要鬆透，鬆的徹底，全無阻滯之力。

附以氣沉丹田，鬆沉內勁才會產生，自此太極拳的基礎方能打好，所謂小成。若無此基礎功夫絕難達到太極拳體用的上乘境界。

第二節　心道太極拳對身體各部位的要求

1.對頭頸的要求

「虛靈頂勁」是太極拳對頭頸的要求。具體要求是：頭部要保持正直姿態，肌肉保持鬆弛自然，頭部有向上頂起的感覺，避免呆板和僵硬，不可前後搖擺。

在走架時，頭部時刻保持與身體四肢上下一致，頭腦要保持靈敏的感應。

下顎要微向內收，口唇微合，舌尖頂住上齶，以利生津，落腮以保持肌肉放鬆。

頸部要自然豎直，放鬆不可緊張，轉動靈活，不可僵硬。

總的來說，對頭部的要求主要是：「虛靈頂勁」，下顎微收，目視前方，舌頂上齶，落腮閉唇。

2.對胸背的要求

太極拳對胸的要求是要含，對背的要求是要拔，正是所謂「含胸拔背」。胸部含虛，可使呼吸自然深長，重心下降，有利氣沉丹田。但不是故意的內縮，如形成駝背就不對了。

拔背是要舒展鬆沉，以利氣血貼於背，保持脊背的相對端正。「拔背」不是指背部的上拉，也不是前拉，而應是脊骨的拉長和延伸。

總的來說，「含胸拔背」是指胸背部要虛鬆，脊骨要

放長，氣要下沉，不可鼓氣於胸。

3.對肩肘的要求

「沉肩墜肘」是太極拳對肩肘的共同要求。具體是指兩肩關節要向下向外鬆開，兩肘關節要向下沉墜。

「沉肩墜肘」兩臂才能圓順鬆活，肩臂關節亦可節節貫穿。如聳肩抬肘，則心難平順，力難伸展，影響周身協調，也易被人擒拿。

在練習拳架時，要注意兩肩關節的放鬆，向外引伸放長，使之逐漸拉開。兩肘則有沉墜之意，除有利於合勁的產生，亦有護肋之功效。

總的來說，對肩肘的要求，主要是「沉肩墜肘」，關節鬆開，有放長之意。腋下要空，留有一定空隙，以使手臂圓轉如意。

4.對腕指手法的要求

很多的太極拳老師在教學時都認為要「坐腕」，我卻不太同意，因一旦「坐腕」，手部必然僵硬，難以放鬆，這就違背了周身具要放鬆的太極拳理。

心道太極拳採用了「直腕」的概念，使手與臂能渾然一體，圓轉自如，以利「勁達於梢」。

腕部具有一定柔韌性，靈活多變，但須結合身法，使之不失去太極內勁。對指的要求是自然放鬆，而又要保持一定的韌性。意氣到指尖，有鼓蕩之感，不可使手指僵硬，而失去彈性。手指自然伸直，拇指不可分的太開。

心道太極拳對手法要求很高，它不僅涉及拳架的規範和正確，而且對於技擊也會起到很大的作用。心道太極拳的手法是太極拳八法掤、捋、擠、按、採、挒、肘、靠的實施關鍵。在拳架中主要有掌推、拳打、指插、刁掛等。

拳：

是以四指併攏捲曲，指尖扣於手心，拇指捲曲貼於食指與中指中節指骨上，不可握拳太緊，以防手臂僵硬。

立掌：

一臂側向平伸，曲臂，掌心向內，四指靠攏，拇指略貼食指，四指內合，掌心微空，五指尖向上立起。

切掌：

小手指外沿直向下或向前下方，掌心向內，四指併攏，拇指自然伸展，直腕，鬆指。意念在小指外沿。

瓦壟掌：

拇指與小指有相合之意，中指、食指、無名指微向外翻，掌心要虛空，不可用力。

插掌：

五指自然，向上或向下的直插。

勾手：

五指捏攏，腕微曲放鬆，五指不宜捏的太緊，以虛捏為好。

各種手法的變化，都要以圓走弧，不可直來直去。

5.對腰、腹的要求

在心道太極拳的練習和運用中，腰的作用是非常重要

的,「練功不活腰,終究藝不高」,「處處留意在腰間」,這些拳諺都說明腰在武術中的重要性。

腰勁要下塌,是心道太極拳對腰的主要要求。在含胸的同時,向下塌腰,自然鬆垂,不可前挺。使心氣下降,兩肋內收,命門後突。腰部貴在沉穩,雖然在練習拳架時,也有伸縮和轉腰的動作,但也要力求中正,不可隨意扭動搖擺。

太極拳對腹部的要求,主要是「實」。正所謂空胸實腹。氣沉丹田,元氣貫注於腹,在練習太極拳發勁時,周身運行對外發放,皆起於此。丹田內爆,有張有弛,是所謂「中氣存於中,虛靈含於內」。

6.對襠、胯、膝、臀及脊柱的要求

心道太極拳對襠的要求是圓襠,圓襠就是說兩大腿與兩膝蓋要撐開、撐圓,而有相合之意。跨關節與臀部肌肉要放鬆,不可僵硬,不可死頂,要有圓虛之感,避免出現尖襠。會陰部要微微上提,虛實變化時,需走下弧線,避免「死襠」不動。頭頂百會穴與會陰上下呼應,以利於立身中正。

心道太極拳對胯的要求主要是鬆胯,在練習拳架時,身體中正安舒。膝蓋不能超出前腳尖,胯部向後沉坐,如坐高腳椅一般。胯關節放開而又不失相合之意,並與肩的放鬆形成呼應之勢。另外,一定避免在走架或推手時出現頂胯的現象。

心道太極拳對臀部的要求是溜臀。要注意收斂,不可

向後突起，練拳架時切忌搖擺歪扭。脊柱部要保持正直，不可左歪右斜。

太極拳是在鬆胯屈膝的基礎上來保持立身中正的。在拳架練習時要注意膝的彎曲度，並保持一致性，不可忽高忽低。兩膝還要微微相合，以利於護襠。

襠、胯、膝、臀及脊柱部位，在心道太極拳中佔有非常重要的作用，它們相互關連，相互制約，任何姿勢的正確與否都會影響周身的協調和身體的中正。

7.對拳架中內外纏絲勁的要求

心道太極拳的訓練方法中，十分重視內外纏絲勁的運用，外纏絲勁在拳架中主要表現為順逆纏絲。現也略作介紹：

順纏：

是由外向內旋轉，以小指領勁內含並與拇指相呼應，其餘三指略有外翻之意。其順纏法是以手帶臂，以臂帶肘，以肩隨腰，達到順纏引進之目的。

逆纏：

逆是順的反面。為由內向外旋轉，逆纏時以拇指內合領住勁，並與小指相呼應，其餘三指略外翻。勁起於腳，行於腿，主宰於腰，達於手指。逆纏法是以腰催肩，以肩催肘，以肘帶手，勁力外開。

內纏絲勁者，要全身放鬆，以心領意，運勁如抽絲，周身輕靈，以心意領氣如游絲，可發可守，可纏人而人不知，此功非細細體察不可得。

第三節　心道太極拳的基礎步法

全身之根在於步法，步法變化是勁力傳遞轉換的基礎。太極拳的步法為進、退、顧、盼、定。進步向前，退步往後，左顧向左，右盼右行，中定安然，走架時步法協調穩定，與周身配合，可得全身協調。推手技擊步法尤為重要，是訓練輕重置換，力源傳遞，走位化勁，奪位搶中的關鍵。不知步法不能實戰，現代推手常講定步推手，動步為輸，此不明太極拳陰陽轉換之妙。

還有就是老師固步自封，不喜教步法，所謂「教拳不教步，教步打師父。」學好步法之運用，學者的太極拳功夫必然大進。在此介紹拳架中的步法，可單獨練習，為技擊步法的基礎。

進步：

後腳前進一步，或前腳前移半步。落地要輕，不可抬起太高，徒具外形好看，而失去隱蔽性。

退步：

前腳或後腳後退一步或半步，身子要正，重心要轉換至後腿，背向後靠，後坐。

跟步：

後腳在前腳向前進步時跟進半步，或後腳在退步時前腳跟退半步。重心都在後腳。

側行步：

兩腳平行側向移動，或左右前後斜角移動。

蓋步：

一腳經支撐腳前橫落。是太極拳低暗腿的用法，在以後的技擊中，多與手法配合使用。心道太極拳不講招式用法，注重自然打法。因此只在此略作介紹，下文不再講解了。

擺步：

上步落地時腳尖外擺，與後腳成外八字。

扣步：

上步落地時腳尖內扣，與後腳成內八字。

中定：

是步法也是身法，在原地靠腳掌和兩腿的虛實變化，來改變身體的重心。

以上各種步法，可在拳架中練習，也可單獨練習，均要求邁步如貓行，輕穩靈活，轉換重心，虛實分明。前進時，腳跟先落地。後退時，前腳掌先著地。不可抬起太高，最好與地面有輕微摩擦感，重心移動要平穩均勻，要如履薄冰，感到有危險時可以隨時改變步法。步法的技擊和推手中練法下文中還會具體講到。

第四節　太極拳的眼法

太極拳中的眼法，關係到拳架中的韻味，推手中的聽力和實戰中的打擊效果。心道太極拳講究臨敵時神意要領起，遇敵如同火燒身，主要是由眼睛來表現的。

在拳架中，眼神不要死盯一點，或只看手。眼睛應看著你將要攻擊的點，也就是下一個動作將要進攻的方向。

眼睛的餘光要能觀察周圍環境的變化，又要與神意相合，含蓄內斂。

　　推手技擊時，透過聽力練習，眼神可觀察對手意念的變化，判斷對手的思維方向。用眼凝視對手，洞察心肺，犀利無比，懾人魂魄。

第四章　站樁養氣築根基

近幾年來，站樁的練功方法為越來越多的人所認識，站樁出功夫已經是內家拳術習練者的共識。

可是大多練習者一上來就說自己站的是渾圓樁，然而何謂渾圓卻說不上來。

只是不斷加時間硬站，一定要用站多久來說明自己的功夫，卻不知這就是所謂的「站死樁」，長久這樣練習不但無益，反而有害。

站樁需從養生樁入手，先求氣順，由鬆入靜，氣實丹腹，方可再求渾圓。養生樁是心道太極拳養生的基礎功法，養生又是太極拳可以技擊的先決條件，可以說不重視養生樁就達不到拳法的渾圓狀態，也就出不來渾圓樁，渾圓樁是太極拳的入門功夫。

我有幸隨意拳恩師王永祥先生練習樁法，苦修十餘年，深感樁功奧妙無窮。習練太極拳是離不開樁功的，它可大大提高太極拳的練習效率。樁功和太極拳相輔相成，可產生令人驚歎的效果。

第一節　養生樁

養生樁顧名思義是調養生命之意。其功是形體不動，以神意誘導來放鬆精神，而使練習者達到氣血通達、卻病健身的效果。

1.站立間架

兩腿開立，與肩同寬或比肩略寬，早晨練功時儘可能面向東方，在前方遠處選一目的物為目標，平視目標物，頭正項直、下顎微收、兩膝微屈、含胸拔背、命門向後填滿，溜臀，五指自然分開，兩手臂環形抱於腹或胸前，高低可自由調節。

初學者可放低處，以呼吸順暢，胸肩不緊為準。手掌心向內（放低在腹部前者，手掌心向上），兩肩兩肘放鬆下墜，兩大臂之間有相合之意，大小臂之間關節角度應略大於90度。腋下含虛，如夾兩小球。重心在前腳掌與腳跟之間，以大小腿放鬆平穩為宜。

2.外在感應

站樁時需選空曠氣息流通之處，周身放鬆，與外界自然呼應，宇宙天地間，只有自身，無限放大，又不執著自身。既要意在身外感應外界的變化，應變化而微動。又要收視而聽內，外界自然寂靜，無感無應，神意無牽無掛。

與外在要產生和諧，與萬物相容，天人合一之謂也，有不舒適處要即刻調整，以放鬆自然舒適為準。

3.內在意念

呼吸以深長、細慢為宜，以腹式呼吸進行丹田內調，但不可意守丹田。站樁不是氣功，以自然呼吸為好，不可導氣。放棄雜念，平心靜氣，掃除塵俗萬慮，逐漸忘卻自

身，不可執著，不可強求。初學者如暫時不能入靜，可先守靜聽微雨，以求安靜放鬆。

站樁時應全身放鬆，頭頸上領，腳下微沉。從頭上開始，全身關節、肌肉均需節節放鬆，以不緊不僵硬為宜，身體不可晃動，保持平衡。

空胸實腹，以養丹田，丹田實則元氣足。往腳下放鬆，則氣可自沉。肢體如有僵緊不通之處，萬不可以意氣衝之。

4.站養生樁的時間

初練習者的站樁時間應該根據每個人的身體情況量力而行，要尋找站樁的舒適感，而不要為了站樁而站樁。最好是忘了站樁，要為了舒適的感覺而站樁。

所以，我認為剛開始以每次站樁時間以5至10分鐘為宜，哪怕好的感覺只有2分鐘，那就站兩分鐘好了。如出現心煩意亂、肩緊背痛、兩腳發抖的現象時，應立即停止站樁，休息一陣後再開始練習。

隨著舒適感的增加和體質的改善，站樁時間也會逐漸加長，如能一次站樁25分鐘，感覺良好，周身不僵緊，這時就可加長時間到45分鐘。15到25分鐘是一個階段，45分鐘又是一個階段。

5.站樁體感

站養生樁會出現各種體感，雖然會根據個人的特點而有所不同，但初學者的大多感覺還是有相同點的，包括

麻、漲、痛、熱、重、胸悶、抖動、幻象等。

站樁時出現某處痛時，為不通現象，很多為舊傷或為暗傷所致。胸悶為呼吸方法不正確或不習慣腹式呼吸所致。抖動為身體疲勞或緊張所致。麻為氣血不通所致。

上述感覺均是初學站樁者要經過的階段，隨著練功時日的增加，這些感覺均能逐漸好轉和消除。

如果練習一段時間後這些感覺不但沒有減輕，反而有加重的現象，這就是不正常了，大多是站樁時的要領沒有掌握，或是單純追求站樁時間，使肢體超過了這一階段的承擔能力。

出現了這種問題，一定要請教好的老師，請老師指導練功，以從根本上找出原因，解決問題。

在站樁時如出現，打嗝、出汗、出虛恭、腸鳴、骨微響等現象時，均為氣血通暢，是正常的。如出現熱、漲、輕鬆、舒服等感覺，是說明練功有所進步，這時可以適當增加站樁時間，而身體也可以適應增加的強度，周身有熱流流動，這時的養生樁的基礎就打好了，繼續練習，自會達到更高的層次。

第二節　養生坐臥樁

養生坐臥樁適合年老體弱者，效果不如站樁明顯。可作為練站樁的輔助功夫，但對久病纏身者功效很好，並對治療失眠有特效。

1.臥　樁

　　面向上仰臥於床上，枕頭要柔軟不能過高，身體端正，脊椎節節對準。眼和口微閉，鼻自然腹式呼吸，舌抵上齶，全身放鬆。

　　兩膝關節處彎曲，大於90度，兩腳左右分開，比肩略寬，腳跟處放於床上，腳尖有上勾之意。兩手臂抬於身體胸前部位，指尖自然略向內，掌心含虛向胸前如抱球狀。從頭到腳，需節節貫穿，關節處都要有鬆開之意。全身毛孔有張開之感。意念自上而下，處處放鬆，不可有絲毫用力之處，心靜神凝，衛氣循環。

2.坐　樁

　　坐於椅上，頭頂微向上領勁，下顎微收，兩目平視，直頸，上身端正，不偏不倚，空胸實腹，含胸拔背，自然腹式呼吸。兩手臂抬於身體胸前部位，指尖自然略向內，掌心內含虛向胸前內抱球。兩腳左右分開，比肩略寬，膝關節大於90度，腳跟貼於地面，腳為外八字形，左右腳尖向身體前方左右兩側，腳尖與腳背向小腿方向回勾，不可著地，全身只有腳跟著地。

　　周身如有不得勁處，即可調整，使之舒適自然。處處鬆緊得配，有疲勞緊張處，及時放鬆，心平意靜，渾然忘我。腳尖上翹不可用力，應在練習體認中逐漸加大，以體知鬆緊關係。

　　坐臥樁感覺與站樁相同，均會出現麻、熱、漲等體

感。養生樁是以養氣為主，以練功為輔，由養入練，以練為用，功深日久，可強身卻病，內養丹田，以丹田為基礎，氣貫帶脈，滋養營衛二氣，為下一步練好渾圓樁做好準備。

第三節　渾圓樁

養生樁到了一定的階段，會自然感到體質的改變，同時內在的熱漲感覺會更加強烈，意氣下沉，肩部放鬆，雙手會自然上抬，腹式呼吸順暢，雙手抬高也不覺憋氣，丹田元氣充足，任脈及帶脈貫通，這時可練習渾圓樁。

1.站樁要求

兩腿開立，與肩同寬或比肩略寬，早晨練功時儘可能面向東方，在前方遠處選一目的物為目標，平視目標物，頭正項直、下顎微收、兩膝微屈、含胸拔背、命門向後填滿，溜臀，五指自然分開，兩手臂環形抱於胸前，掌心向內微下方，如抱一球，球的大小可調節，視每人練習狀況而定（**練功越久，球體會自然膨脹放長**），兩大臂微夾球體表面，小臂和手掌微拂球體表面。兩腋下虛空，如夾小球。全身外撐內裏抱六撐四，筋肉骨節處處爭力，保持渾圓狀態。

體會鬆而不緊，緊而不僵的感覺，在鬆緊中感覺「靜中育動」，周身皆有彈簧力，可無限大，可無限小。陰陽交替，無始無終，似動非動，似靜非靜。渾圓功成，則可得樁功技擊克敵制勝妙法。

2.意念感應

內外在感應與養生椿要求相同，唯要加入意念的上下、前後、左右的爭力誘導訓練，後面的六面爭力訓練會專門介紹。

這時身體內部的熱流感會不斷增強，渾身又如氣流運行，如在有經驗的老師指導下，可進行丹田元氣的發散練習，這裡不做介紹，以免誤導，發生偏差。

這時出現的熱、漲、輕鬆、舒服等感覺，都是正常的。練習者每個階段出現的感覺是因人而異的，要及時請教有經驗的老師，不可自行加入意念，過度追求感覺而忽略了正確的椿功要領，使練功時出現偏差。

3.練功時間

站渾圓椿的初學者應以30至45分鐘為準，如不到30分鐘就出現心煩意亂、肩緊背痛、兩腳發抖、胸悶呼吸不順暢的現象，說明養生椿還需練習，應放低雙臂，繼續站養生椿。如超過30分鐘出現上述現象，應減少練功時間，掌握鬆緊度，不可故意用力，調整呼吸，以求進益。

習練者需逐漸加長站椿時間，能超過45分鐘仍能不酸不累，感到舒適，精神好，有愉悅感再增加練功時間就很容易了。

第四節　背手休息椿

兩腿開立，與肩同寬或比肩略寬，早晨練功時儘可能

面向東方，在前方遠處選一目的物為目標，平視目標物，頭正項直、下顎微收、兩膝微屈、腰部和命門部微微後仰。左右兩手背於身後，手背和手腕貼於後背腰腎處，兩手手掌虛空，手指自然彎曲，如握球狀。肘部彎曲小於或等於90度角。

此椿為休息椿，疲勞或過久站椿後休息時練習，也適合腰腎不適者的調養，對駝背及肩、背、腰等處的酸痛有治療功效。

應每次於站養生椿或渾圓椿後練習，時間應以10到15分鐘為宜，如腰、腎不適者應延長到20分鐘以上。

第五節 技擊椿

技擊椿是以站椿形式訓練實戰技擊意識，培養渾圓在技擊中的應用的基礎。練習技擊椿法必須在養生椿和練習了爭力的基礎上，並具備了一定的渾圓勁，才可以練習。

1.站立間架

先站立渾圓椿，在渾圓椿的基礎上，左腳向左前方上一步，兩腳間距比肩略寬，左腳掌略向左外側。右腳掌隨左腳掌向內轉動，幅度與左腳掌相同，與右膝蓋方向一致。身體隨左腳向左側扭轉，頭部也隨身體向左，眼睛看左腳尖所指的方向。

此時左腿在前，膝部微屈，向前有頂勁，切不可塌膝。右腿在後，膝關節彎曲度大於前腿，微微有內扣之意。坐胯，命門後頂，溜臀，頭正項直、下顎微收、含胸

拔背。前後腿重心為後七前三。兩手臂亦隨身體轉動，左手臂在前，右手臂在後，前手掌心向內，與頭部高度一致，肘關節彎曲大於90度，沉肩墜肘，肘要低於手。

後手臂向內環抱，手掌心對準右胸前方，肘關節彎曲小於90度，沉肩墜肘，肘要低於手。十指自然分開，微向內屈，掌心含虛。兩腋下含虛，雙臂如抱球狀，要求同渾圓樁，呼吸要求同養生樁。

2.意念感應

此樁意念假借應為，如臨大敵，前有毒蛇猛獸，強敵環繞，與敵狹路相逢，不進則亡。外在意念注入敵身，內在養我安然之氣。

眼睛從前手拇指邊，向外凝視，目光專注。間架氣勢英勇豪邁，具必勝之信念。而精神放鬆，體察敵細微之動，掌握制勝之先機。

3.注意事項

此樁左右式要求相同，唯體位相反，可左右式交替練習。練功時間應與渾圓樁相同，也可略少。習練者不可執著於外形，要「不求形相似，只求神意足」。

第六節　樁功入靜法

樁功的入靜，是非常重要的，能入靜的練習者可以很快找到感覺，效果就很明顯，反之練功的效果就要差很多。入靜是要凝神、靜氣。很多練功者天生喜靜，這樣的

練功者只要平心靜氣，按照要求做好功法的放鬆，感到放鬆到腳，就能排除雜念入靜練功了。如感到還不能入靜，可用深呼吸，默想向腳心放鬆沉氣，使精神放鬆達到入靜的狀態。如這種沉氣法仍不能入靜的話，說明練功的人難以專心，這時可用精神假借的方法入靜。

1.靜聽法

眼神內斂，靜聽外界的微微聲響，「守靜聽微雨」，想像細雨隨微風飄落，集中精神聽細雨落在地上的聲音。意念不宜過重，細細體會即可。

2.假想法

想像自己在空曠的平原上站樁，身體越來越膨脹，天地之間只有自己，自由自在，無拘無束，天地之大任我翱翔。也可想像青山綠水，花香怡人，自己如游魚一樣，自由的在水草間游動。意念也不可過重，全憑忘記自身，尋找自由的感覺，才可入境。

3.遠視法

在遠處看不清的地方，選一目標凝視，想像可以看清，眼微睜即可，不可意念過重，注意眼部的放鬆。如眼睛疲勞，可慢慢閉上，休息一會繼續練功。閉眼時站樁可以繼續。

以上的方法都是幫助站樁入靜的，而不是必須的。如練功者已能很好的入靜練功了，就不必再使用以上的方法了。

第五章　六面爭力成渾圓

　　爭力是訓練出渾圓力的關鍵，也是歷代拳家的不傳之密。

　　我們說的爭力就是相反而又統一的矛盾力。它是由意念控制體內的矛盾力然後與外界的抗衡之力。它是在意念的指導下，對於人體可控肌所進行的一種訓練活動，並要與外界假借物體的推拉牽扯，由空氣阻力摩擦感應而產生的既矛盾又統一的整體力。

　　太極拳有「欲右先左，欲左先右」的說法，於細微處具要有虛實，六面爭力訓練是解決力由單面向整體最後到達渾圓的重要方法。

　　所謂六面就是指前後、上下、左右六個方向。在拳架套路練習中要注意將六面的爭力在每一個動作中體現，也就是說，太極拳的每個動作都是整體的運動。

　　初學太極拳者往往只注重招式的正確與否，而忽視了太極拳整體勁的產生，這就造成了拳架雖然打得很漂亮，太極拳的渾圓勁卻難以上身。

　　練習爭力先要練習單獨方向的相爭，然後進行六個方向的組合，還要老師的彈性餵勁，才能在緩慢的運動中找到渾圓。

1.前後爭力訓練

【間架結構】

以站椿的要求調整自身，周身放鬆，勿使有僵緊之處。然後將左腳向前方邁一小步，重心仍在右腿，前膝微前頂，後膝彎曲，前腳腳前掌為實，腳跟為虛。

兩眼平視正前方，頭正微微向上頂勁，身向後坐，重心後七前三，含胸腹實，兩手置於身前，與腰肋同高，手掌向下，指尖向前，自然鬆開。兩肘置於兩肋旁，與手相平。

【動作要領】

後腳緩慢向後蹬地，前腳尖向前用力撐地，重心慢慢前移，同時身體、手臂、手掌均向前移動，在向前移動時，手臂與身體的距離要保持不變，力由後腿蹬地產生，運行於腿，以腿催身，以身催臂，達與手指，待兩腳重心達到前五後五時，周身停止向前，改為前腳尖向後扒地，後腳向前合力，重心慢慢後移。

同時身體、手臂、手掌均向後移動，在向後移動時，手臂與身體的距離要保持不變，力由兩腳相合產生，兩手有向後拉扯之意，待兩腳重心達到前三後七時，周身停止向後，轉而重複向前，反覆練習。

注意：由前往後轉換時不要有明顯停頓，前腿膝蓋始終保持向前微頂的狀態。

換右腳在前的爭力練習時，動作要領完全相同，習練者換腳練習即可。

【意念假借及練習要求】

意念假借為兩腳之間的地面有一橫向裂縫，向遠方無限延伸。向前時重心三七到二五，應想像縫隙被我自身的兩腳撐開，隨著後踩前撐的加強，身體重心的移動，兩腳間的縫隙越撐越大。

反之，向後時重心二五到三七，應想像縫隙被我自身的兩腳合攏，隨著兩腳相合力的加強，身體重心的向後移動，兩腳間的縫隙越撐越小。

意向前必有向後之力，意向後必有向前之勁。前後移動務須整體協調。意動為先，形必相隨。長久反覆練習，越來越慢，到蠕動而體認其相爭之奧妙。

練習前後爭力時，左右式要平均分配時間，兩腳交替練習，不可只練習一側。練習時間以每次10分鐘為宜。

2.上下爭力訓練

【間架結構】

以站樁的要求調整自身，周身放鬆，勿使有僵緊之處。然後將左腳向前方邁一小步，重心仍在右腿，前膝微前頂，後膝彎曲，前腳腳前掌為實，腳跟為虛。兩眼平視正前方，頭正微微向上頂勁，身向後坐，重心後七前三，含胸腹實，兩小手臂豎立於胸口兩側，兩手掌心相對，手掌自然張開，高度置於臉頰兩側，虎口張開，拇指微內扣，其他手指有向上之意。

大臂貼近身體兩肋，勿貼緊，臂彎夾角小於90度，腋下含虛。

【動作要領】

後腳緩慢向後蹬地，前腳尖向前用力撐地，重心慢慢向前移，同時，頭頂與手指領勁，周身上拔，力由後腿蹬地產生，運行於腿，以腿催身，以身催臂，達與手指，在向前和向上移動時，手臂與身體的距離要保持不變，待兩腳重心達到前五後五時，周身停止向上，改為前腳尖向後扒地，後腳向前合力，重心慢慢後坐，同時身體、手臂、手掌均向下沉，力由兩腳相合產生，兩手有向下拉扯之意，待兩腳重心達到前三後七時，周身停止向後，轉而重複向前，反覆練習。

注意：要始終保持虛靈頂勁，向上時要有沉坐之意，向下時又要上托之念，在矛盾中尋找整體均衡之道。

換右腳在前的爭力練習時，動作要領完全相同，習練者換腳練習即可。

【意念假借及練習要求】

意念假借為兩腳之間的地面有一橫向裂縫，向遠方無限延伸。向前時重心三七到二五，應想像縫隙被我自身的兩腳撐開，隨著後踩前撐的加強，身體重心的移動，兩腳間的縫隙越撐越大。

反之，向後時重心二五到三七，應想像縫隙被我自身的兩腳合攏，隨著兩腳相合力的加強，身體重心的向後移動，兩腳間的縫隙越合越小。

兩手臂及脊椎向上時，意念假借為向上托舉千斤之物，待到腳下重心二五之時，兩手臂及脊椎下沉，意念假借為千斤之物下壓，我自身用腰胯相合之力相接。

意向下必有向上之力，意向上必有向下之勁。前後移動上下開合務須整體協調。要做到蓄力乃起，意莫獨行。

練習上下爭力時，左右式要平均分配時間，兩腳交替練習，不可只練習一側。練習時間以每次10分鐘為宜。

3.左右爭力訓練

【間架結構】

以站樁的要求調整自身，周身放鬆，勿使有僵緊之處。然後將左腳向前方邁一小步，重心仍在右腿，前膝微前頂，後膝彎曲，前腳腳前掌為實，腳跟為虛。

兩眼平視正前方，頭正微微向上頂勁，身向後坐，重心後七前三，含胸腹實，兩手臂自然下垂，置於兩大腿前外側，兩手掌心向後，手掌自然張開，虎口張開，拇指微內扣，腋下含虛。

【動作要領】

右腳外側緩慢向外蹬地，左腳前掌亦向左扒地，兩腿同時外撐，兩膝卻又有相合之意。周身向左緩慢轉動，力起與腳，運行於腿，以腰胯為主宰，帶動全身，以身催臂，達與手指，在向左移動時，手臂與身體的距離要保持不變，待兩腳重心達到前五後五時，周身停止向左移動，改為原路線返回運動，這時兩腳勁力改為向內相合，而兩膝有外撐之意，待重心轉回原點時，周身停止向右，轉而重複向左，反覆練習。

注意：兩胯不蹦撐緊，要保持放鬆和彈性。兩手臂不可伸直，要微微彎曲。周身整體運動，不能某處單獨運

動。

【意念假借及練習要求】

意念假借為兩腳之間的地面有一豎向裂縫，向遠方無限延伸。

向外時兩腿重心三七到二五，應想像縫隙被我自身的兩腳成扇面狀撐開，隨著兩腳外撐力的加強，身體重心的移動，兩腳間的扇面縫隙越撐越開。

反之，兩腿向內合時重心二五到三七，應想像扇面縫隙被我自身的兩腳合攏，隨著兩腳相合力的加強，身體重心的移動，兩腳間的扇面縫隙越合越小。

意念轉換時運動莫要停頓，意、形應合為一體，在練習過程中多注重放鬆和整體運動。

練習左右爭力時，左右式要平均分配時間，兩腳交替練習，不可只練習一側。練習時間以每次10分鐘為宜。

4.六面爭力的整合

前後、上下、左右六個方向的三種爭力練習，即是單獨的練習又是相互關聯的，我師父說：「三個爭力要單做，最後組合成渾圓。」

三種爭力只是把架子撐起來，我們還要練習著把架子間的空隙填滿，在老師的幫助下體驗各個方向對自身的壓力，等到一舉動，或是隨便一站，便是周身一體，有左必有右，有前就有後，有上拔就有下鑽，勁路貫穿全身，就像廣場上的雕像，給予從各個方向來的力的反作用力都是相等的，這才算具有了渾圓勁。

　　渾圓勁為歷代拳家所重視，很多拳學家乾脆用渾圓來命名自己的拳，以強調對渾圓勁的重視，但現在很多大師竟然不知六面力為何物。我曾聽某太極大師演講時，解釋六封四閉，竟只談招數的打法，當問他為何叫六封四閉時，他竟說是因為河南話六和如不分，這樣的大師真不知要把傳統武術引向何處。

第六章　單式訓練有要求

　　單式練習是太極拳練好技擊實戰功夫必不可少的基本功，太極拳的各種技擊方法和勁路都要在單式訓練中體會，如掤、捋、擠、按、採、挒、肘、靠八法勁和進、退、顧、盼、定五步法，踢、打、摔、拿等打法，合、化、黏、引、發等功法，這些都是需要有經驗的老師在單式教學中認真講解，學者反覆實踐練習，才能瞭解的，這樣接下來的推手和散手訓練就能事半功倍了。

　　太極拳在以前本有老三刀之稱，動作很少，注重實用，除了雲手練習陰陽變化之外，只有護心、撇身二捶的打法。現代的太極拳套路的動作繁多，動輒七八十式，少的也有四五十式，這樣整體練習一遍所需時間很長，拳架出功夫沒錯，但是如果單就每種勁的練習效果來看，就不如多下工夫練習單式了。

　　我一直堅持長套路不如短套路，將每個動作的要求，反覆練習領悟，同時兼顧套路練習協調性的目的，在教學實踐中效果是很好的。

　　我根據太極拳初學者所需掌握的各種技術要求，總結出來**心道太極拳十九式**，它可組合練習整體協調性，也可每式拿出來單練。每一式偏重練習的重點都有不同，有的注重身法，有的注重引化、打法等，學者要把各個動作的勁路和關鍵都要練通，逐式苦練，定能收穫到明顯效果。

第一式　太極起式

此式為陰陽開合之勢，向上時如水負舟，下按時如按球入水，向上則周身勁力下沉，向下則頂勁上領，陰中含陽，陽內藏陰，太極初始，柔中育剛。

習練時立身中正，意念下沉，呼吸自然。

第二式　懷中抱月

此式為渾圓狀態之勁力外放樁法，抱元守一，氣沉丹田，營衛二氣分佈周身，內抱外撐，鬆緊有度。

單式習練時方法如渾圓樁。

第三式　怒海觀潮

此式分左右，前半招為左右斜飛打法，融擠、挒、採、拿為一式，用時快摔巧拿，練時平心靜氣、均整沉穩。後半式進退有序，只在方寸之間。

定式如抱嬰兒，如緊實鬆。習練時敵力來則先吞後吐，蓄而待發。

第四式　黑虎搜山

此式為引進落空打法，進步必跟，退步必隨，翻身劈打。

習練時旋轉要穩健，周身相隨，化打連貫，身化時化到八成，引化時要化到極致，當敵落空時，即可用中，「跟步急進搶中位，手腳齊到方為妙」。

第五式　移海推山

此式退步定勢為技擊樁法，內有撐抱，外有鉤挫之力。外展如雄鷹展翅，合擊似猛虎出山。

習練時沾身勁發，前推後坐，爭力均勻，「上步合力去推山，恨不一下即推翻」。

第六式　燕子歸巢

此式擊上而打下，上虛而下實。如空中飛舞盤旋的燕子，突直插地面。

習練時身體束身發力，出拳隱蔽藏於圈中，跟步均整，含胸裹勁，氣宜下沉卻又有拔地欲飛之勢。

第七式　迎風揮浪

此式為三角退步摟手扇打法，三角進退步為實戰中的重要步法，習練者應在老師的指導下重點練習。

單式練習時可進可退，摟手退步或進步時左右互換交替發力，要利用大地的反作用力，如海底翻浪，呼嘯而至。

第八式　進身平錘

此式為上步連環打法，進步時後腳猛踩對方小腿骨，同時對其胸腹部連續用拳發力擊打，進步要穩，發力時重心在後，注意對拉發力。

單式習練時應反覆左右拳練習對拉整體發力。

第九式　白蛇吐信

此式為太極拳接力纏身打法，以臂纏、腿鎖封閉對手勁路，傷其雙眼，關鍵在於敵進我進，達到「套其側而控其中」的目的。

習練時注意上步的時機，所謂「手到腳到身也到，打人如同開玩笑」，要求聽其意、纏其身、控其步、斷其勁。

第十式　金風擺柳

此式要求全身如春風拂柳，上身隨風擺動而根基卻穩健如山，翻身下劈時身法步法協調。

此式對身法的協調能力要求極高，是太極拳實戰身法的基礎功法，要求反覆練習。

第十一式　玉女獻書

此式虛上而實下，神宜內斂，氣宜下沉，吐胸口殘氣，養丹田浩然。

習練時身隨步進，推手時呼吸深而細長，所謂「氣沉丹田」，萬不可胸部發緊，氣浮於胸。

第十二式　金雞展翅

此式前為束身纏裹，後為展開挑打，束身為接力整合，纏裹為纏拿勁路，收是為了進，裹是為了放，上步雖只上半步，卻控制中線，為肩肘的靠勁創造了條件。

單練時要注意重點不在挑打，而在於裏勁纏絲和靠勁的發放。

第十三式　鷂子翻身

擊前而打後，轉後而攻前，雖受夾攻而形神不亂，扣步要及時，擺步要得當，拳肘發勁均整連環。

單式練習時注重扣擺步的練習，定式時氣沉丹田，發力時整體對拉。所有動作均重心在後，以求相爭。

第十四式　降龍伏虎

此式亦為太極拳近身打法，手打、膝頂、腳跺均需完整一致，近身短打，小巧靈活，擒拿控其一點，制其全身。

第十五式　無風起浪

此式在於腰脊有擰擺之力，手隨身動，身隨步轉，如隨風浪搖擺，所謂「身動揮浪舞，意力水面行」。

習練時蹬腳果斷，定式時氣血下沉。

第十六式　金剛怒目

此式有上拔下鑽之意，向上則鳳舞九天，向下則安穩如山，氣需下沉，神意外放。

第十七式　勒馬驚風

此式重點在於「引進落空合既出」的太極拳化打合一

的技法練習。引即是化，化即是打，化為的是使敵落空，落空處便是其薄弱處。

練習時需體認化打合一的運用，關鍵在於腰腿前後移動產生的相爭力，向後相爭將敵來勁引進，使其落空，向前相爭時，腰腿接地面反作用力並產生旋力將敵擊出。單練時，需左右互換，身法步法協調。

此式運用方法便是太極拳吞吐的基礎功夫，是太極拳能否練出後期高深功夫的關鍵。

第十八式　龍翔萬里

此式即意拳之神龜出水，重點在於上下對拉，前後相爭，左右撐圓，太極拳提、頓之力相互交錯，借地面反作用力，周身關節節節上拔，虛靈頂勁卻又有鬆沉之勁。如海龜游於水面，時浮時沉，欲沉又浮，夾浪揚波於水面。

單式習練時須左右互換交替練習，體認身法旋轉提敵之勁的妙用，藏身而後起，前應而復後，如龍翔於萬里，忽隱忽現，或動於九天之上，或隱於深淵之下。

第十九式　萬宗同源

此式即為太極拳收勢，太極拳道，「法雖萬千而理為一貫」。收勢之法，平心靜氣，呼吸順暢，周身舒適，精神愉悅而已。

上　部

心道太極拳築基

〈入門篇〉

第一章　太極推手的形式和作用

太極推手是運用太極拳的實用技巧和原理進行模擬實戰的形式和方法。它是建立在不用護具的狀態下，充分運用太極拳的陰陽轉換運動和摔、拿、打、鎖等技術的技擊方法，具有安全性和實用性的特點。

太極推手的基本要求與太極拳架的要求基本一致，都是要求虛靈頂勁、含胸拔背、坐胯圓襠、沉肩墜肘等。

太極推手還是檢驗拳架的標準，如拳架有問題，那推手就一定有背式，可以說，不練太極推手就一定練不好太極拳。

練習太極推手要以實戰作為目的，可又不等同於實戰，它是太極拳能否實戰的重要訓練手段，是太極拳獨特的技擊方法在實用上的實際體驗，所以，太極推手在每個階段訓練的方式和目的是不同的。

練習太極推手的人對動作要求都應該有所瞭解了，所以我只對太極推手基本的方式方法中，要注意的技術細節和練習的主要目的、作用，進行講解。

1.單手平圓練習法

單手平圓推手是練習太極推手的第一步，既然是第一步它就已經包含了太極拳的技擊原理，那就是捨己從人、借力打力。

單推手的學習目的很簡單，就是要習練者知道中線是哪裡，要找到和推到對手的中線，並保護好自己的中線。

首先保護自己的中線是為了維持自己的重心，在遵守不丟不頂的太極推手原則基礎上，運用腰胯的轉動和重心的轉換來隱藏自身中線不被對手控制。透過以腰為軸的轉動將來力化開並反控制對方的中線把對手的力量轉回去，這就是借力打力。

單推手動作非常簡單易學，練習的時間不用很長，我的教學經驗是三個學時學生便可以瞭解基本的手法和要領了，因為人實戰時都用兩隻手，我們只要達到練習的目的就行了，太長時間花在單手的訓練上是沒有太多意義的。

要領要求是要找準對手的中線，儘量用鬆柔的手法去推，手向前進攻時儘量不超過前腳尖，要留有餘地。化對手的力，轉腰時不能把腰扭成死角，要保留彈性空間。

單推手是推手的基本功，它看起來簡單，練起來也不複雜，只是需要練習者從無數次畫圓中細細體會對方的勁路，同時保持自己的圓不被破壞，要在圈內的空間中去感知對方。待手臂有了感知後就可以轉入雙推手的練習

2.雙手平圓練習法

雙手平圓推手是在單手平圓推手的基礎上，如有一人在進攻時將另一隻手搭於對手的肘部，封堵對手腰胯的轉化方向，則很容易就可以控制對手的中線，並將對手推出了，這時這只在進攻時控制肘部的手，實際上是封堵對手的轉化路線，也可以說是由肘控制腰的轉動。

對手要想擺脫控制，不可硬頂，而是也用另一隻手搭於其肘部，用捋帶勁來與自己的腰胯相合，帶動其向前的重心，使之感到重心不穩，破解對手的進攻。

在一個平面圓內，練習雙方要反覆練習擠、按、捋等，體會四法勁的基本轉換。雙手平圓推手的練習相對於單推手較複雜，但侷限性太大，只要學生能明白基本的勁路轉換和手臂感知的加深就可以了，在教學中可用七個學時的時間。

要領要求是手不離肘、肘不離手，不丟不頂，切不可用僵勁硬撥。

3.四正手練習方法

四正手又叫定步打輪，是太極推手重要的入門方法，練習的目的和勁力轉換非常複雜。四正指的是掤、捋、擠、按四種勁法，由兩人雙手雙肘在立圓中的不斷轉換，四種勁法的反覆連環運用，要達到手不離肘、肘不離手，陰陽轉換，連綿不斷的要求。

初學者要注重鬆沉和雙腿的虛實轉換，勁要下沉的住，才能立的中正穩定。

在雙方重心的進退轉換中，上身和手臂要儘量保持鬆柔圓順，一定要把「輪」打圓，勿有凹凸處，似兩個相切的圓在滾動，一切變化均是沿著圓的邊線方向變化，待動作練熟後，才能進一步體會纏絲勁和螺旋力。

四正手要求完全按照拳架的要領來檢驗動作，如發現對手違背太極拳的原則，就可以肯定對手犯錯了，要及時

黏住對手使其錯誤擴大化，這時可以不用多大的力或完全借對手的力就可以控制對手了。

四正手還要明白什麼時候可以進攻，什麼時候要化勁，進攻的三原則是：

一對手的手臂貼緊身體了，則防禦彈性空間少，可以試探的進。

二是對手的手臂超過身體的中線了，則胯易成死角，可進行擠按控制。

三是對手的肘高於肩或與肩、手相平時，則犯聳肩抬肘之病，可控制肘肩使其更加僵緊。

所用控制並不是控制手臂而是對手的腰胯，對手所有的錯誤都是腰腿的毛病，反之，我們自身在練習四正手時要嚴格按照太極拳的要求來運動，這樣才能避免犯僵、緊、過、丟、斷、浮等太極拳病。

在四正手時養成良好的太極推手習慣，是對以後進入太極拳高級境界是很重要的。

四正手的學習目的比較多，在正確的教學方法下學員雖然很短的時間可以掌握動作要領和基本運行規律，但在勁路把握和判斷對手力的大小、方向、長短、快慢上是短時間難以完成的，這就要求教練要在圓內各個角度向學員餵各種不同的勁，使學員瞭解並掌握初步的聽勁功夫。

要嚴格按照先重後輕，漸進式的餵勁，不斷體驗掤、捋、擠、按在各種情況下的運用。教學時間至少為45到70個學時，待學員在圓內順隨自然，沾黏有度時才可進行下一步練習。

4.活步大捋練習方法

活步大捋推手法又叫四隅手，相對於四正手來說，其方向是四斜角，所以叫做四隅。活步大捋在四正手的基礎上主要練習採、挒、肘、靠四法。

活步大捋在上身螺旋纏繞的同時，雙腿在進退中進行黏化走勁的練習，所以對下盤腰腿功夫要求較高，練好下盤的穩健和腿的聽力，步法的靈活，對以後練習控捽技術和走化勁是有重要作用的。

沾黏在手、連隨在步，雙方在進退中要做到不丟不頂，特別要注意進退相隨，如膠似漆。動作上進逼套封，環環相扣；擒拿巧拌，相生相剋。

練習大捋推手可結合身法步法的練習，將手、眼、身、法、步相結合，當聽勁練到能聽到對手骨底之後再練輕步進退，這時要注意上下相隨，正所謂「上下相隨人難進」，也就是整體勁在運動中的體現。

大捋推手練習的時間根據每個人的體質而有所區別，一般教練在講解動作時需要20個左右的課時，其他時間還要不斷找對手體會練習才行。

5.定、活步散推練習

在太極拳八法勁的動作練習熟練後，練習者就可以把四正手與四隅手結合起來，加入進、退、顧、盼、定五步，進行無規則的自由結合推手練習。

散推是太極拳推手走向太極拳實戰的過度階段，是將

平時練習的技法、勁路用於實踐的重要步驟。除了要練習出各種各樣的勁，還要知虛實、明順背、曉陰陽、懂剛柔、辨快慢。

以聽勁為基礎，在定步散推手時以黏化為主，活步散推手時以走化為先，黏就是化，化即是走，走就是打，打就是化，化打合一。

這裡簡單對太極推手進行介紹，其實，太極推手要練習的勁路和需要注意的地方還有很多沒有講到，我會在後面的文章裡重點講解。

我要在這裡請大家尤其是初學者要明白的是，不管是練習四正手或大捋還是散推手，要注重內勁方法和意念訓練，一定不要把注意力過分地放在招式的使用上，要把注意力放在勁路的變化判斷和放鬆等真正的太極拳功夫上。

如果太注意用招法去勝人，雖然當時可能有些效果，最後卻勢必影響聽勁的練習和提高。如果一味追求招熟好使，不研究勁法，只能停留在明勁的階段，對今後的提高就有困難了。

第二章 搭手辨虛實

1.聽 勁

兩軍相遇，首重偵查，聽勁就是太極拳推手和散手中的偵查。偵查就要與對手接觸，不論是肢體接觸還是神意接觸，都是以瞭解對手的虛實為目的。

聽勁不光是用耳聽、眼觀來瞭解交手時，周邊及對手的形勢，還要瞭解周身肌膚觸覺的感知變化。在推手時透過觸覺判定對手的勁路的大小、快慢、方向，這種感覺就是太極拳的聽勁。

《太極拳論》上說：「由著熟而漸悟懂勁，由懂勁而階及神明。」如果將太極拳聽勁功夫的深淺，分為著熟，懂勁，神明三層功夫的話，那麼著熟即為聽骨，懂勁為聽皮，神明為聽意。

我在練習太極拳的三個階段中對這些已有提及了，為加深學者的印象我再就聽勁部分重新論述。

「著熟」應視為聽勁功夫的起步。初練太極推手聽勁的人，往往對對手出勁的方向、路線和著力點判斷不準，等勁力已加身受制時，才知被動，在對方勁力的末端，才急忙應變。

為找到對手的力點，只好在手上及接觸部位充滿勁和力來尋找對手的頂力，這是用自己的骨勁來找對手的骨

勁，以求能判斷對手的虛實。

這是聽勁的初級階段，要摸到對手的骨底才能判斷，很容易造成轉換不靈產生頂抗。

隨著聽勁的提高，不需要摸到實處就能體驗到對方的一舉一動，摸清對方動作意圖和規律，這時明勁漸少而化勁漸增，是聽勁著熟的標誌。

學者在經過一段時間的聽勁練習後，對於一般外來的長勁，在初始階段，便能感知，明確判斷出對方的虛實變化並可作出相應的應變，是為「懂勁」。

「懂勁」是在太極拳聽勁練至相當高明的水準後，便會感到內氣充盈，皮骨肉有脫離之感，肌膚反應靈敏，在這時已經能夠根據對方的力點而變化，達到以皮膚的神經末梢來感觸洞察對手的開合、起落、快慢、輕重等，這時應以皮膚為導，以意念為帥，以黏為根本，在正確判斷和掌握對方運動規律、動作意圖的情況下，則任何破壞我平衡的動作，都能及時調整應對，並採取正確的對策。

在聽皮勁的後期，要求在與對手推手或實戰中，對其的短勁如：驚彈勁、爆炸勁等，能夠準確辨別出力的著力點以及可能出現的各種變化，在對手勁路還未全部形成或形成初期，便作出明確判斷，並已經化解控制，則聽勁功夫已可進入聽意即神明的階段了。

在「神明」時期，聽勁已不需與對手作肢體和皮膚上的接觸，由精神上的感知，便可敏銳地覺察出對手勁路的輕重虛實，剛柔順逆，長短大小，高低左右種種變化，使其處處落空受制，順人之勢，克敵制勝。

在與人交手時，由於自身內氣的充足，周身的空靈，精神和皮膚的敏感，在對敵的一瞬間已能做到準確的反應，那時毫毛皆可放空。

對手觸我毫毛我勁已打透其骨底，眼視而知其意，神聽而控其無形，無聲處聽其內在細微，人不知我，我獨知人，故能克強敵於死命。

2.聽勁的練習

練習聽勁首先要練習好拳架，在打拳的時候一定要做到身體絕對的放鬆，心無雜念，要做到心靜神明，鬆和靜是練習好聽勁的關鍵，在安靜中體察自身的順背虛實，這是第一步的知己功夫。先知己而後知人，在練拳架時，要感受周遭空氣的流動和對自己的阻力，手上的勁要輕，以剛剛能劃破空氣為準。

聽勁還可單獨練習，如聽牆力，單手按於牆面，放輕放鬆，緩緩用腰腿之力前送，當遇到牆面的反作用力時，即刻完全放鬆卸掉來力，反覆練習效果甚佳。除了聽牆力，隨著聽勁的增加還可聽門的悠蕩力，柳條的柔彈力，窗簾的飄蕩力等。

與人推手時由於雙方肌膚接觸，就可以由接觸點來感受彼此力的變化，在採取適當的方法予以解決。在推手練習聽勁時要求全身肌肉、關節鬆沉，而不要有絲毫拙力，要像打拳時對空氣阻力時的感覺一樣，這樣才能透過逐步的觸覺練習，使全身感覺和反應日趨敏銳，達到微感即知的地步。

3.問　勁

在推手中，因為對手也在聽我的勁，所以一搭手就要放輕，以丹田氣充衛氣，遍佈全身，以意行氣，意在搭手之先，保持自己意氣不斷，接手只與對手皮接而不用骨勁接，接其一點來尋找對手勁的空隙，在保證自身不失的情況下，分辨對手的虛實，探明對手的背勢。

問勁是在聽勁的基礎上，用聽勁感覺不到對手背勢的情況下，採取的試探性進攻。在採取問勁的情況下，要對準對手的中線，也就是對手維持重心的圓心，以手領意，送一點勁，這時看對手的反應是否較大，則可問出對手一瞬間是否有滯。滯的反應主要有兩點：

(1)是沒聽到我的問勁，開始頂了，那時對手犯了雙重，可加送意勁，將對手發放。

(2)是對手聽到我的問勁，化的時候過度，我則可聽出對手的勁路和意圖，則順勢破壞對手的重心，將對手發放。

問勁的關鍵是要放鬆和用力的輕重得當。輕了對手的反應不大，難以有效的問出對手力點，過重則自己先犯了滯，會被對手所乘。問勁只問對手皮膚表面而不問骨勁，則可保證不失。

第三章　鬆沉第一關

鬆沉勁是太極拳的基礎勁，是太極拳內氣（也就是丹田氣）開始產生作用的初始階段，是檢驗練習者是否入門的標準，是為入門第一關。

要練好鬆沉勁，先要知道什麼是太極拳的鬆，怎麼樣鬆。

1.鬆

鬆，是練習太極拳的一種最基本的要領。我們給鬆下個定義，就是意氣下沉，筋骨肉有脫離之感，關節筋脈節節拉開，有拉遠放長之意，在保證立身中正的基礎上，找到最省力的，最舒服的感覺。

我們在練習拳架和站樁時，周身關節要節節鬆開，由兩臂開始拉遠放長，形成八面支撐，然後因為虛靈頂勁由頸椎開始，由上往下，沿脊椎、尾閭、腰胯、膝一直到腳，鬆到地下去。

放鬆不等於軟，所以還需保證虛靈頂勁、脖頸上拔、肩開肘墜、含胸撥背、命門填滿、尾閭中正、腰胯鬆坐，不如此則是軟不是鬆，要鬆而不散，無拘泥懈滯之病。

放鬆要以心靜為前提，心靜似水而無雜念。

斷念，心才能無拘束暢遊於自然，自然才能神安意定，內在具鬆。

2.如何放鬆

肌肉鬆：

肌肉放鬆比較容易，練習太極拳的人多能做到，從頭上講，面部肌肉放鬆，微笑可讓腮部放鬆，上半身肌肉有和骨骼向下脫離的感覺，肌肉沒有隆起繃緊，下半身肌肉不能繃緊，不能對關節部位的轉動產生影響，如有僵緊的感覺應及時調整重心。

肌肉的放鬆也要從上到下，不可能一步到位，需習練者慢慢體會。

肩部放鬆：

肩部關節是太極拳練習者感到很難放鬆的地方，肩部放鬆不下來，其他關節就很難鬆下來了。

肩關節需對拉並下垂，同時肘部向下鬆開，並有向外張開的感覺，這就是沉肩墜肘。

胸部放鬆：

在沉肩墜肘的同時，胸部骨骼自然張開，微向內含，背則自然向外對拉，就是含胸拔背，含胸不能向裡裏胸，而是鬆骨、鬆肉不妨礙呼吸便可。

胸肩部的放鬆主要是為了氣不上浮，所以不能憋氣，使氣自然下沉。

腰胯部放鬆：

腰部關節要活，不要把上身的力都壓在腰上，胯要微坐，舒服自然，不能頂胯。

腰胯關節不能轉或坐成死角，要保留餘地，不能用力

去支撐，腰腎部不能有一點僵緊處，尾閭要下墜，不能前翹外翻。

膝腿部放鬆：

大小腿肌肉不能僵緊，膝關節可微彎曲但不要受力被壓，要感覺隨時可以轉動，小腿和腳踝處不可受力。

腳下鬆：

腳趾先鬆，不可抓地，腳掌平均分配力量，不要用力向下踩，感覺全身鬆到腳下之後，意念在慢慢上提，從下往上鬆，這是後話了，開始就是往腳下鬆。

周身的關節要處處對拉，從上到下逐節放鬆拉長，在推手時讓對手總覺得好像手臂長一點似的。打拳時用意不用力，以意來放鬆。

3.鬆沉勁

當周身的關節拉遠放長，筋骨肉有了脫離之感，脊柱節節鬆開了，那氣自然就順了，氣順就能下沉，所以下沉的是氣不是力。

我師父經常說：「要把勁放到腳下去」，其實就是要鬆到腳下去，鬆到下面了，就是鬆沉勁了。

鬆沉勁不是用拙力往下，也不是單靠降低重心，而是以心靜為本，以意念為令，以氣為體，達到中正安舒的感覺，正如《拳論》所說：「以心行氣，務令沉著，乃能收斂入骨」；「以氣運身，務令順遂，乃能便利從心」。

在練習太極拳的鬆沉勁階段，要求在放鬆的基礎上以沉穩入手，打拳時氣勢既充足又內斂，立身務虛中正，無

論動作如何，中線不丟，這是練出丹田內勁的關鍵，外形上既鬆柔圓勻又棉裡裹鐵，上身如春風擺柳，腳下入地三尺，任憑風浪起，根入地底中。切不可變鬆為軟，無神丟勁，更不可勁力外現、棱角分明。

練出了鬆沉勁對於拳架的感覺而言，有周身勁力貫穿連綿不斷，精神上輕鬆舒服，肢體上身柔順自然，下盤穩固沉實，上虛下實，腳下生根。

鬆沉勁推手時可順來力下沉到腳，把對方的來力從接觸點吸入地下，讓對方推不動，讓對手感覺你合勁很大卻找不到力點發放，隨即借地面的反作用力將對方彈出。

鬆沉勁就好比萬丈高樓的地基，雖是初級功夫，卻是不可或缺的。

「練習鬆沉勁的要點」

(1) 在練習拳架時，不管是定式蓄勁還是移動重心時，中正為鬆沉的關鍵。

(2) 以靜為本，不管是練習拳架還是站樁推手，都需雖動尤靜，大動不如小動，動中求靜，能靜就能體察何處不鬆。

(3) 拳架的每個定式，都要沉氣，防止在運動中有氣上浮。

第四章　談掤論八法

掤、捋（擾）、擠、按、採、挒、肘、靠、進、退、顧、盼、定叫做八法五步，是為太極十三勢。

在這十三勢中首先提到了掤，太極拳的老師傅們也總是說「掤勁不能丟，八法掤為首」。這些都說明了掤勁對太極拳的重要性。

1.掤字在太極拳中的含義

關於掤字，在太極拳一些名家老師嘴裡，讀音為ㄆㄥˊ（朋），並在教學中，甚至是著作中解釋為「捧」，這可能是不瞭解掤的真正讀音造成的誤解，但顯然也曲解了太極拳掤的真實用法。

關於掤字，應讀音為「兵」，意為古人武者所用箭筒口處的蓋子。據此我認為掤在太極拳中不只是一種勁，它還具有包容、藏銳的特性。

2.什麼是太極拳的掤勁

對於掤勁，張義敬先生在《太極拳理傳真》一書中曾作出過解釋：「掤勁是靈活，成弧形的，既可化掉來力，也可反彈出來的黏勁。」他還進一步說明推手中的掤、捋、擠、按、採、挒、肘、靠其實是黏勁的八種用法。

筆者恩師李雨樵先生也說過：「掤者，黏也，化也。」

這些以黏勁、化勁做為對掤勁的解釋，我以為是完全正確的，因為黏、化正是太極拳技擊的精華所在。

太極拳屬水，掤字在古代通冰字，同時又有包容的特性，前輩在選用它作為這種勁的名稱絕非偶然，它不但要具有向外的彈性防禦功能，還要像水一樣具有流動和包裹對方的來力。比如當水遇到外力的時候，不但可以產生反作用力，還可以向旁邊讓開，吞沒和包裹來力。

太極拳的掤勁要如水似冰，隨方就方，隨圓就圓，無孔不入，向下而後漂升，受擠壓而可向外擴散。

黏住對方，化掉來力，是為了更好的發放對方。太極拳雖以柔為主，但也必須做到剛柔相濟，棉裡藏針。掤勁還有藏銳的特性，掤是箭筒蓋子，掀開蓋子就是發出之箭，如丟掉柔中所藏之利箭也是丟掉了掤勁，儘管外形柔順有餘，但缺乏內在力量，形成柔中乏剛，在推手散手中勢必造成能引進而不能使對手落空，無法發放的局面。

拳諺說：「人無剛骨，安身不牢；拳無剛骨，出手無效。」太極拳譜也說：「運化在柔，落點要剛。」這是相對地對於化勁和發勁來說，而不論化與發還是走架都不能丟掉掤勁。

3.如何做到掤勁不丟

第一在外形上應保持不同程度的圓撐。掤能圓撐，手臂和周身肢體的抗壓力相對較強，並能做到「周身一家，一動無有不動」，這樣就不易被對手的剛勁壓扁了。

圓撐不等於和對方的力硬頂，而應是由內向外的張

力。由自身的飽滿，不給對方凹凸和斷續的地方，對方按到你的每一處，都讓對方感到是一個不斷變化的點，不是死的點。意識上要放鬆，才能體會出由內向外的內氣飽滿，就像一個充了氣的氣囊，柔軟中有彈性，能夠緩衝外力，也能夠化解外力。

第二在動作上伸屈開合，都要留有餘地，有利做到變化反應快，「動急則急應，動緩則緩隨」。另外做到曲中求直，直中寓曲，也符合陰不離陽，陽不離陰的哲理。若能如此，便可使掤勁內外的要求在運動中得以貫徹。如果動作中沒有掤勁，那麼意氣鼓蕩也就不存在了。不含掤的放鬆與引化就是弱丟，整體散了。所以說，掤勁是要貫穿到走架和推手的整個過程當中。

第三在勁力上要練出掤勁，必須變硬為柔，積柔成剛。而這種剛性是柔化防守中所必需的。若只有掤的外形，而沒有掤的內勁，那就徒具形式了，這就像皮球雖是圓形的，但氣不足的話，一壓就扁。必須把氣打足了，才能做到內外一致。

4. 掤勁在推手中的應用

掤勁最忌板滯，遲重。板滯必不知自己的運動，也不知對手的取捨，既不知人，又不知己。遲重必以力禦人，以頂為掤，便成死手。

掤是黏化，不是抗力，頂抗變成死手，易被人引動借力或以大力取勝壓制，造成癟丟又變成軟手。軟手丟掉掤勁，易被人壓扁，得實後發放。

　　周身掤勢的形成全在腰的旋轉，如向左掤則向左轉腰，如向右掤則向右轉腰。凡以掤勢做為防守之法，必須具備化勁，掤勁雖有向外，向上托之意，但都不是逆著對方的力，而必須與來力互呈角度和走弧線。包括轉腕旋臂所形成的微小弧線。藉以達到順勁相承，使彼力點落不到自己身上。

5.從口訣談八法

　　《八法秘訣》文淺意明，說理縝密，便於理解，實用性強，對初學者大有裨益，我認為是太極前輩對八法的最好闡述。

　　我本來是沒有資格對這段口訣進行詮釋的，但感到其對初學者的重要性，就將自己的理解說出來，使初學者有一個基本的瞭解，少走一些彎路。

掤　勁

> 掤勁意何解，如水負行舟，
> 先實丹田氣，次要頂頭懸。
> 全身彈簧力，開合一定間，
> 任有千斤重，漂浮亦不難。

　　從口訣上看掤就不是普通的外撐力，很多拳譜上說的掤在兩臂是不全面的理解，掤勁要上下對拉，下實丹田，虛靈頂勁，如水流動，要保證在一定空間內的彈性勁，也就是不過，拳譜說「過由不及」就是此意。

　　首兩句說狀態，下面兩句說的是基本要求，也就是要練好掤勁，先要練出丹田氣。我在前面的文章中已經講到了丹田氣的重要性了，還有就是要中正，不論是打拳還是推手，中正對養氣是很重要的。

　　掤勁的獲得，主要是在練拳和推手中要時時留意丹田，而又不守意於丹田，處處保持中正。勁力神意要始於腳下，氣要下沉，如柳樹根深，神意要向上領，如松柏氣宇昂然，上身要放鬆，如柳條迎春風。「全身彈簧力，開合一定間」，是說掤勁在推手時要把周身關節拉開，將韌帶肌肉放鬆，透過周身的對拉開合形成的力量是一種彈性力量，而不是硬頂的僵力。

　　最後的兩句是講效果，來力再大，我也只在對手力的表面形成圓的切線來引動對方，就像流動的水，不管再重的行船，亦可將其帶動。

将　勁

　　将勁意何解，引導使之前，
　　順其來勢力，輕靈不丟頂。
　　力盡自然空，丟擊任自然，
　　重心自維持，莫為他人乘。

　　将勁的特點是使對手的來力落空，也就是使對手處於背式，我認為關鍵是要與對手的來力同步，讓對手摸得到打不著。

　　首兩句說的是要引進，要讓對手的力過，對手的力過

了就很難維持重心的穩定了。

　　下面兩句是對自己的要求，完全順著對手的力，也就是捨己從人，一舉動周身輕靈，不丟不頂。力盡自然空，丟擊任自然，是說對手的力會有盡頭，也就是來力已經被化乾淨了，使對手的力落空是為了造成我順人背的局面，這時是可以發放對手了。

　　最後兩句是要求引化和發放時，要保證自身的中正，要不偏不倚，這樣可以保持自己的重心穩定，不給對手可乘之機。

擠　勁

　　　擠勁意何解，用時有兩方，
　　　直接單純意，迎合一動中。
　　　間接反應力，如球撞壁還，
　　　又如錢投鼓，躍然聲鏗鏘。

　　擠勁在運用上有兩種方法，對手的意念和力被我的意念聽死的情況下，可用合力直接控制對手的來力，逼迫對手使其重心不穩。

　　如對手力是比較大的明力，可也接對手的力源，用合勁的發力方法將其彈出。這時表面好像有力，其實是周身整合的彈性勁。

按　勁

　　　按勁意何解，運用如水行，

柔中寓剛強，急流勢難當。
遇高則膨滿，逢窪向下潛，
波浪有起伏，有孔無不入。

太極拳具有水性，水有平靜也有激流，在運用按勁時
要柔中寓剛，力從腳起，如同波浪，藏急流於水面之下。

遇對手硬頂時，自然膨脹，形成飽滿的渾圓對拉，遇
到對手有凹凸處和斷續處時可如水向對手的縫隙流動，破
壞對手的防禦。

採　勁

採勁意何解，如權之引衡，
任爾力巨細，權後知輕重。
轉移只四兩，千斤亦可平，
若問理何在，槓桿之作用。

採勁是太極拳拿法，太極拳拿法是順勁拿力，利用與
對手來力接觸點產生槓桿力，意從腳起，以腰的轉動產生
螺旋帶動對手，所謂四兩撥千斤在於利用槓桿的牽動。

挒　勁

挒勁意何解，旋轉若飛輪，
投物於其上，脫然擲丈尋。
君不見漩渦，捲浪若螺紋，
落葉墮其上，倏而便沉淪。

捋勁與採勁有相同的地方，都是利用螺旋勁，捋勁時讓對手的來力沿螺旋的邊線改變方向，然後加速拋擲出去。力走螺旋時，要力從腳起，以腰胯為軸，鬆肩沉肘，腰胯力直接到達稍節，化打合一，使敵深陷圈內，無法中定。

肘　勁

肘勁意何解，方法有五行，
陰陽分上下，虛實須辨清。
連環勢莫當，開花錘更凶，
六勁融通後，運用始無窮。

肘勁是太極拳重要的技擊方法，肘勁是以肘發力，短勁傷人。太極拳肘的用法以意念可分為陽肘和陰肘，陽肘意在對手背後，陰肘意在對手胸前，不論陽肘還是陰肘用時都要連環發力擊打。

肘的技術打法有順勢肘、開花肘、穿心肘等，在使用肘勁打法時，要利用腰胯螺旋之勢，上下、左右、前後六面角度具可發力。

靠　勁

靠勁意何解，其法分肩背，
斜飛勢用肩，肩中還有背。
一旦得機勢，轟然如搗碓，
仔細維重心，失中徒無功。

靠勁的用法是力催於背，由肩將力發出，在得機得勢時，瞬間發力如金剛搗碓，向斜下方發力。在發靠勁時，力要短，不能擊打太遠的目標，要保持身體的中正，以免為敵所乘。

不論八法如何變化，掤勁始終貫穿其中，要請良師不斷餵勁，與益友不斷切磋，才能理解運用太極八法，做到真正的掤勁不丟。

正是：掤勁無有形無質，引化拿發均有掤。

第五章　內外要相合

　　六合是中國武術內家拳的共同要領，不單是太極拳，形意拳和八卦掌也有這樣的要求。

　　內家拳的六合分為外三合和內三合。外三合是指手與足合，肘與膝合，肩與胯合，內三合是指神與意合、意與氣合、氣與力合。

　　練拳必須先能做到外三合，進而再追求內三合。學太極拳一般都從套路練起，經過一段時間的套路學習，大概的拳架模樣已經具備了，這時在套路的練習上要追求形體上的協調一致，先要儘量模仿老師的動作，追求形體上對外三合的規範化，然後去掉動作上的著力感，在舒適中體會內心的感受，服從內心對肢體動作協調的真實感覺，在輕、慢、圓、勻中保持身形上的協調，克服懈滯、凹凸、斷續的問題，保持動作的舒緩順暢。

　　只有這樣，才能使力量更好的收放，把動作做的最合理，最適合練拳者本身，並符合人體運動規律和力學原理，這樣就自然可以做到外三合。

　　太極拳外三合其運用方法是要以腰為主宰，分為上中下三節，向上腰要與肩肘相通，下要與腿足相應。臨敵時要符合拳的整體結構，在以腰為軸、帶動身體四肢運動的前提下，發揮協調配合作用。

　　外三合首先應做到肩與胯合，肩與胯合可以保持身體

中正，也就是上下根節之合，起到周身穩固作用。不但能使周身動作協調，而且使勁力傳達於末梢，勁力更加完整和集中。

肘與膝是三節的中節，是動作和勁力的轉換之處，中節相合，能使動作輕換靈活。手與足合，不僅外形動作要協調配合，而且也要在勁力上相合一致，要做到足到手到，下下相隨，勁力自然順達，步法更加靈活。不僅外形動作要協調配合，而且也要在勁力上相合一致。使身體重心穩固，動作靈活，並實現周身一家的太極拳功夫。

在練習外三合時，要請老師和師兄弟們多看自己打拳，多捏架，請他們指正出不足的地方，待達到外型上的完整一致，基本上就可以進入內三合的練習了。

太極拳的內三合為神與意合、意與氣合、氣與力合。在練習外三合時，我們的精神也是要集中的，精神提的起，外型上就不會散。精神集中則神意相合，拳論講：「精神能提得起，則無遲重之虞。」意是心神發出的指令，是本能的反應，意可調動周身的運動，神意相合則大腦思維與精神配合才能控制手腳的協調動作，也就是心神要平靜，意念要集中，才能做到心神與意相合。

意與氣合時要以意領氣，意到氣到，太極拳要求處處意念在先，每一動都要用意念來支配，氣的運行受意的指揮，而意的本身是無形無影的，需要用氣來引導。氣在人體裡運行，雖無形質可見，卻由意可以感覺到，太極拳以意念引導丹田先天之元氣，補營強衛，使周身血脈通暢，神完氣足。

　　「以意行氣，氣至則力必達，氣者力也」。力在意念和氣的配合運動中產生，太極拳所追求的力不是蠻力和僵力，而是用心意來引導先天元氣所形成的內力。意到、氣到、勁到，氣力相合能把丹田的力量集中在一處，突然爆發，達到無堅不摧的太極拳內力。

　　太極拳的內外三合實為相輔相成的關係，外三合使身體中正靈活，筋骨安舒，動作協調穩健，內三合調理臟腑，疏通經脈，氣足血盈，從而使太極拳達到形意兼備，內外合一，達到內外相和，內外相和才能勁力均整達到六合狀態。

　　內外三合練習時，不以偏廢，內固神意氣，外練肢體，內外兼修，入道不遠。

附　李超老師精氣神論一篇

　　吾拳之道精氣神也。煉精化氣、煉氣化神、煉神還虛。丹田呼吸，肋中開合，以意領氣，以氣運身，培補真氣，元氣充足，滿溢於背，充溢於面，神氣十足，並發於外，施於四肢而發力。內意萌發而外形未動謂之起；意氣想通形動而氣發謂之落。

　　吸是起是開，呼是落是合，手起氣也起，手落氣也落，溝通任督二脈。頭正起項，狀面凝神，胸含背圓，提肛縮腎，收丹田調呼吸，一鬆一緊，一升一伏，氣升時兩肋齊舉，骨縫張開；氣降時自俞口透過前心，下守丹田；勁鬆時縱橫往來，和緩預備柔軟；勁緊時氣血會聚，剛堅凝結。發於腿主宰於腰，行於手指，隨著外形的變化，氣在身內上下鼓蕩。

　　上升起氣自湧泉順夾背分左右布於兩膊，充於指掌。氣下時，呼吸而落，自兩腿沉入湧泉。氣升時則整體而升，氣降時則整體而降。

　　起落開合，意動氣隨，丹田鼓蕩，隨陰陽轉換化之自然，進行精氣神之鍛鍊，周天運行矣。

第六章　沾、黏、連、隨解

「沾黏連隨」也可叫做「沾連黏隨」，是太極拳推手練習的基本原則，是太極拳特殊的技擊技術，歷代太極拳習練者對之均非常重視，稱其為太極拳推手技術的「四綱」。

沾為太極拳推手或技擊時的接手，接手時要輕，控制好自己周身的氣息，要飽滿圓實又要鬆柔無力，接手處處含虛又處處有實，輕則靈，靈則聽得清，變化快，由輕靈變化虛實，來判斷對手。

老一輩常說八卦掌靠閃打人，形意拳靠整打人，太極拳靠黏打人，話說的有片面性，但可見太極拳對黏的重視。黏是推手打拳中的黏勁，在沾的基礎上，黏有控制之意，黏勁的關鍵在於用我之意控制對手之意，我的意念始終在對手的意念前面，使對手發出的勁如進如一團漿糊中，處處被纏繞封堵，有力不得施展，正如拳論中說的「我順人背謂之黏」，讓對手越急越背，最後被制。

黏勁在對手將發未發，將展未展時就要提前運用，這時最為有效。黏勁要鬆，要輕重適度，在感覺已能有效的控制對手了，對手的活動空間被我壓制的越來越小了，這時才能適度重黏，保持對手的背勢。

黏主要是控制對手的手臂三節（手臂的三節是手、肘、肩），要由引帶梢節，控斷中節，封堵根節來完成。

就是在對手的勁還未到梢節時，就將梢節捋帶，可讓過對手梢節，把中節也就是肘部傳動的力斷掉，讓中節的力傳遞不到手上，透過控制中節封堵住從根節的來力，使對手勁力不暢。在推手和散手中控制對方手臂的三節，由手臂的三節控制封堵對手的勁路，才能以黏制敵。

在激烈的實戰打鬥中，除了控制手臂的三節，還要控制住對方身體及下肢的三節（腳、膝、胯），也就是要用步黏住對方，造成對方不能走化的局面，這樣才能處處看死對手的中，拿住對手的背勢，處處提前，處處主動。

連是要與對手相連，在動作上與對手保持一致，肢體的接觸點不與對手脫離，儘量做到與對手速度同步。

我在教太極推手時，特別重視與對手同步的問題，打個比方，有一輛車以60公里的速度撞過來，你的車要也是60公里，它是撞不到你的，他提速你也提速，他減速你也減速，不離不棄，不遠不近，不丟不頂，如膠似漆。不僅動作要與對手相連一致，在意念上也要意在敵先，預先感知對方的動作意圖，氣隨意行，與敵做到意氣相連。

隨就是隨敵所動，太極拳講究順，要做到順就要練習上下相隨，打手歌中說「上下相隨人難侵」，但在推手和實戰中光做到上下相隨是不夠的，還要與對手相隨，要捨己從人，要在沾黏勁的基礎上，順其勁力，隨機而動。

隨不是盲目的跟隨，而是要與對手勁力相合。不僅要在動作上相合，而且要在神意上和對方相合。在相合的基礎上，與對手相吸相連，不要輕易脫離開，在運動中尋找機會。

　　沾黏在推手中是一起使用的，沾在黏勁充足時有收提之意，就是將對手來勁引領拔高，使對方重心浮動，失其平衡。連隨在於捨己從人，進退化勁中牽動對手根節，然後以黏控制重心。沾黏連隨是相互之間相通的，沾中有黏，黏中相連，沾連不斷，黏隨不丟。所以他們在運用上不是單獨存在而是相互關聯的。

　　與其相對應的是太極拳四病，即重、頂、扁、丟。

　　重，是說在沾的時候也就是接手的時候，不能用重力，要輕靈，上拔下鑽，萬不能用重手，否則轉換不靈。

　　頂，就是用力頂牛，不知道黏中有化，而一味的用重黏，會造成腰胯的不順，產生雙重。

　　扁，就是對方來力，不知走化一味地退讓，不能與對手同步，宜為對手將圓壓扁，失中被制。

　　丟，就是不能相隨，就黏不住對手，跟不上對手的運動軌跡或速度，被對手打進來，或脫離你黏勁的控制。

附《打手歌》

「掤捋擠按須認真，上下相隨人難進。
　任他巨力來打我，牽動四兩撥千斤。
　引進落空合即出，沾連黏隨不丟頂。」

第七章　引、化、拿、發論

引、化、拿、發是太極拳推手克敵制勝的方法。拳譜《打手歌》上說：「引進落空合既出」，說的就是這四種用法。引就是引進，落空是化，拿是拿勁，要想拿勁自身要做到六合，出是發放，所以想隨心所欲的使用引、化、拿、發，必須在聽勁、沾黏勁、連隨勁、合勁都有一定的基礎才可以。

引

引是在聽勁（要聽出對手力的大小、方向）和黏勁的基礎上，將對手的勁往自己空處引，也就是對手將要不得勢的地方。在引的過程中，要讓對方不認為是落空，還要感覺比較得勢，這時我要敢於將對手的力引進來，而不是頂出去。因為在兩人之間頂，所費力大，違背了太極拳的技擊原則，就像兩軍作戰，要敢於將敵方兵力放進來打，放進來是為了吃掉對手的力量，同時拉遠對手的攻擊距離，離力源漸遠，使其力減弱，內三合破；引其出尖破體，立身不穩，外三合破，引其失中，我則得勢。

引　化

在推手或散手中引動對方的力，誘敵深入，把對方的力量引到有利於自己的軌道上，使對方陷入被動局面，或

失去重心，或根基不穩。而在引化的同時，蓄力合勁，凝神待發，隨時都可以在對方落空的基礎上，即化而打，發力制敵。

引是為了化，引而不化就是引賊入室反被所乘。聽到來力不丟不頂，將來力引入自身內圈，先向自己的中線引，然後向身體中線兩側化，錯開來力路線，使其力突然落空。引化開始時需要有一定黏勁，要與對手保持同步運動，使對手的力落不到實處，化空時是要讓對手突然有失重感，連剛才的黏勁也不見了，這叫引中有化，化盡則落空，落空必心亂，心亂即妄動，妄動則有隙，有隙可擊勝負已定。

化

化勁在太極推手中，是一種破壞對方力點，改變著力方向，使對方難以發力的方法。

化的關鍵在於變點，在與對手的接觸點上，變靜力摩擦為滾動摩擦，讓對手的力沿圈的外沿線劃過，我圈含勁可越過對手的力，這是化中有進之意。

練習化要結合黏和隨來練習，也就是黏化和走化，所謂黏化，如膠似漆，不丟不頂，並有摧逼和隨從之意，捨己從人，「動急則急應，動緩則緩隨」，黏住對方之勁，探知對方變化，從而收到「我順人背」，以黏制敵的效果。黏化是守中寓進，似鬆非鬆，將展未展，以利靈活變化的表現。

走化與黏化相似，是順應對方來力的方向而走，但比

來勁略快，使其落空。拳譜曰：「使敵深陷亂環內，四兩撥得千斤動」，在運用走化的同時又使對方不脫離我勁的控制，使對手摸的著，打不到，感覺有，找不到，離不開，脫不掉，無法發揮其力。走的要恰到好處，可轉被為順，以逸待勞。

拿

拿就是控制勁的意思，不但要控制對手的勁，還要控制自己的勁。

在推手時要先控制自己的勁，不妄動，不失中，內外六合具五弓，這樣可守住意。對手力一來，我意在前，可保證自己不犯錯，在推手時不能因為要拿別人，而氣往上浮，腳下拔根，根基不穩何以拿人？老師傅們經常說：「打拳要拿住勁」，就是這個意思。

拿要控制住對手的勁路。在推手過程中，把對方控制住，使對方不能走化，就是拿。這裡的拿，不是反關節控制的擒拿，而是拿住對方的勁，順勢而拿，控其一點，制其全身。

拿要輕拿，要讓對手感覺不到已經被控制了，在不知不覺中入我圍中，等對手察覺時，我已由輕變重，斷其勁路，由慢變快，隨敵逃向黏控不放。從引化到拿合，使對手處處受制，不能逃脫。

發

發是發放也是發勁，欲發先拿，拿是發的先決條件，

控制住對手的中線和勁路後才可以發放。

發放是引進落空後，順著或引偏對手的來力，利用加速度或旋轉的離心力將對手拋擲出去。發放要遵循「引導使向前」，「沾黏不丟頂」的原則，順勢借力而行，要使對手的力完全落空產生背勢時，來幫助對手重心失重。用我師父的話就是把對方扶上馬，你還要送一程才行。

發勁是內外三合的完美貫通，以神意氣引導周身的勁整合一致，就是用心念來指揮，用丹氣來發散，用爭力來借地面的反作用力，用腰胯來協調三盤。

發勁有很多種，如：長、短、沉、旋、鑽、崩、抖、彈、冷等，究其本質沒有大的區別。

太極拳中的發勁，是集中的彈性力。這種彈性力是周身肌肉完全放鬆後的瞬間高度收縮，它不是緊張的僵力，也不是肢體的局部力，而是靈活統一的整體爆發力。

我們經常發現一些練拳者，在練習拳架時，發力速度很快，彈性很好，力也很透，但在推手中卻難以發揮，甚至根本發不出力來，這是什麼原因呢？我認為首先是聽勁不明，無法走化，不能充分利用，分解對手的勁，造成無法蓄勁。蓄勁是發勁的前提，化而不蓄，則發勁無力，化勁的同時要充分的蓄勁蓄勢。

發勁的時機也很重要，所謂「遇虛當守，得實即發」，是說摸到對方的呆實之處，方可發放。掌握好時間差及發力點，得機得勢，守中用中，集中優勢打其薄弱之處。

發勁發出的力是整體力，拳譜上說：「力起於腳，行

於腿，主宰於腰，達於手指」。發勁時腳趾輕微抓地，兩腳相爭，借用地面的反彈力，周身合為一體，丹田內爆向四周發散，意念勁力專注一方，瞬間彈抖發力，才能摧枯拉朽，勢不可擋。

發勁落到剛落點的時候雖然周身是一緊，但發勁之前要完全放鬆，只有鬆的透，才能發的出，心裡不要老想著要發勁打人，自然鬆靜，應敵而動，不發而發方為正確。「鬆緊緊鬆為中平」，鬆緊得當，剛柔並蓄方為太極拳發勁之道。

練習發勁的方法

在練習拳架時，儘量不要發勁，要鬆練，鬆的不透，發的是力不是內勁，是會傷身的，只有鬆到腳下了，柔順了，才可單練發勁。

發勁不要空發，空發發出的都是假發勁，看著挺好，推手時發不出，散手時用的還是局部力和蠻力。站樁時可在老師的指導下進行咂丹田的練習，體會意念的一鬆一緊，丹氣的飽滿度，周身的一致性。

在請老師餵勁時，多在老師身上發勁，體會勁是不是從下面來的，力點找的準不準，意念放沒放到位，蓄力的時機好不好。在對手身上體會發勁的狀態才能進步的快，開始儘量試長勁，能更好的體會發勁的狀態是否正確。後期在散手練習時多發短勁，才能應用由心。

第八章 勁力走螺旋

太極拳不是力的抗衡而是圓的較量。拳論云：「手足運動，不外一圈，足隨手運，圓轉如神。」太極拳的技擊運動是以圓的滾動和變化為根本，以腰為軸，用圓外邊線接外力變成切線，形成圓轉如意禦力於外的特點。

太極拳的圓是由不規律的弧線組成的，從肢體上表現在力的走向是由螺旋纏絲來完成的，上肢的纏絲運動是遇到外力或阻力時，肢體進行自轉，旋臂肘轉手腕到指尖，下肢的纏絲運動是配合上肢，旋腳下轉踝膝，身軀上的纏絲運動是旋腰胯轉脊背，要做到纏絲時下旋鑽上轉拔，也就是上拔下轉的對拉螺旋爭勁。這種表現在肢體外形上的螺旋纏絲我稱其為外纏絲勁。

螺旋纏絲勁在防守上利用了自然界中的槓桿變點和螺旋轉化的原理，利用變換圓邊線上的接觸點，改變對手來力的走向，對方用大力打來也僅僅作用於圓旋轉中的邊線，以面帶動對手的點，而不能傷我內在，這具有「四兩撥千斤」的功能，即可對外力接觸化解、或卸載牽引，使受力面積增大，作用力時間延長，其衝擊程度減弱。

螺旋纏絲也需根據勢態的發展不斷變動圓的運動規律，達到能化能黏，借機取勢。

在引敵深入時要敢於將對手的力放進來打，在對手力進來時，要因敵而動，形成千變萬化的各種圓弧運動，以

圓弧引對手，並與來力相交成斜角而分散來力，減少我用力成本，不與對手來力相碰，只做皮膚表面的挫動，故走化省力，並用連隨把對手放入我之圓圈內，使其手足如被絲線所縛，魚入網中，處處背勢，進退不得。拳譜云：「亂環術法最難通，上下相合妙無窮，陷敵深入亂環內，四兩千斤著法成。」

　　螺旋纏絲勁在進攻時，發出的勁要旋轉前進，目標為對手的中線或對手背勢的地方。意念也隨著勁向前，還要放的遠，這樣才能讓勁發的透。

　　向前的勁要是碰到阻力，不能硬頂，從對手力的邊緣繞過去，也就是錯開力點，對著對手的縫隙，旋轉著前進，纏絲從腳起，使力量更穩重，螺旋用手領，使勁路更難防備。

　　旋轉時有裡纏和外纏之分，也就是陳式太極拳說的順逆纏絲，旋轉方向由兩手決定，以手指領勁，可以兩隻手同時順纏或逆纏，也可以分開向相反的方向旋。旋轉纏絲時不是退圈化而是進圈化，化是為了進，化中有進，進即是打，打即是化，化打合一。

附　李超老師螺旋纏絲論

隨曲就伸，無過不及，螺旋纏絲。軀幹肢體形成立體運動，渾身俱是纏絲圈，兩臂麻花旋擰，兩腿螺絲擰鑽。大拇指外纏為順纏，大拇指裡纏為逆纏；胸腹相合為順纏，氣歸丹田，胸腹相開為逆纏，氣自丹田出，內纏外繞十八球渾圓一體。內氣纏繞於肌膚之中，中氣貫通於骨髓之中，是練外柔內剛的關鍵。

身體左轉為順，右轉為逆，身左轉則左腿順纏，而右腿逆纏，身右轉則右腿順纏，而左腿逆纏，兩腿配合，一順一逆。兩腿逆必前撲，兩腿順必仰跌。手臂順纏時，沉肘腕帶手掌劃弧線。逆纏時，掌為先、手領肘、肘帶肩。螺旋纏絲，動靜開合的活動限度要適當。

在自轉的順逆變化之中同時有前後左右上下的公轉，不丟不頂，身、手、腳同時到位。沾黏在手，連隨在步。不丟是黏勁，是人走我隨，是轉化為打的過程動作。不頂是走勁，處處都要嚴格掌握。八卦周流運呼吸，古今能有幾人知？遇人書中尋大道，誰知大道在坎離。

小 結

學習太極拳先要明理，理明了才不會走彎路。太極拳發展到今天，我認為不但沒有進步，反而一些真的、好的功法逐漸消亡了。隨著一些老武術家的離去，年輕一代見都沒見過真正的太極功夫。

跆拳道、空手道、散打、拳擊等現代競技運動充斥著我們的生活和媒體，使年輕一代對傳統武術的功效充滿懷疑。武館和培訓機構的速食式教學使僅有的武術愛好者越來越浮躁，難以接受長時間的枯燥訓練。

在大環境和媒體、教育機構和現代的武術工作者的共同努力下，我敢說要不了多久，我們的下一代別說能練習真正的太極拳了，就是見也難以見到了，那時真正的太極拳功夫只能留在傳說中，就像我們說起楊露禪前輩可以手托飛鳥一樣，只能心嚮往之，而力不能及了。

我要說的其實很簡單，你要推廣太極操就說是太極操，你要練習太極操養生沒人說你錯，但請別說是太極拳了。我就是想把真實的太極拳記錄下來，告訴想學太極拳的人應該怎麼做，讓傳統太極拳的愛好者真的瞭解太極拳、練習太極拳、繼承太極拳。

本書的上半部分主要是介紹《以心悟道練太極》的基本功法和達到太極拳小成功法所需要具備的水準。沒有這些功夫訓練，拳架打的再好也是花架子，正所謂「練拳不

練功，到老一場空」。入門功夫需口授，說的是太極拳的基本要求和要領，是在整個心道太極拳的習練中都要遵守的原則。站樁養氣築根基和六面爭力成渾圓是解決力源的問題，看似簡單實為複雜，這一部分實是武術界的不傳之秘，站樁和爭力近年雖亦有武林人士著書立說，但談到具體練法時無不似是而非，或籠統介紹或是一帶而過，希望學者重，勿以小道視。

入門篇中介紹的都是太極拳基本的技擊技術特點和要求，習練者按照順序，在老師的指導下，循序漸進的練習，2至3年內可達到太極拳小成的境界，太極拳一小成完全可以作為太極拳愛好者健體防身之用，其效果多有印證。小成雖易，但稍有不慎，誤入歧路則離大道越行越遠，此差之毫釐謬以千里。

君不見，練太極拳的比比皆是，小成者卻百不達一。如要百尺竿頭更進一步的話，不但需要悟性毅力還要機緣和態度，在小成之後每進一步都要付出比以前更多的精力。

常有學生和我說能否像教材一樣，寫出一個練習流程，讓學員按照練習，本來我認為這在傳統武術教學中難以做到，因為每個人的悟性和條件都不一樣，很難像學校裡，大家的進度都一樣。後來在學員小成之前將時間和功夫統一練習，發現效果還是很好的（比較適用於學過理科的）。太極拳築基功夫要拳架、站樁、爭力、推手四功夫齊頭並進才行，我下面寫出標準和練習時間，請參考。

第一階段：

拳架先要達到順隨，整體放鬆；站椿能入靜，有舒適感，可放鬆到腳下；爭力在放鬆的基礎上腳下有黏感；推手四正手畫圈熟練，在3個月時加入四隅手練習增加下肢力量；以上需6個月，如都能做到，進入下個階段練習。

第二階段：

拳架上鬆下實，拳架完整一致，呼吸自然，能空發勁；丹田充實，氣貫帶脈，身體各部位有氣流感；爭力時下半身越來越鬆，腳下變輕；開始學習散推，能具備基本的聽勁，對太極拳推手的各種技術熟練掌握。時間需要一年半到兩年。

第二階段要先求鬆，然後求合，再求整，聽勁化勁發勁及太極八法一個一個問題解決，千萬不可求快。

第三階段：

對整體勁完全掌握，能守中用中，周身一家，腳步開始靈活，渾圓勁分佈全身，這時小成功夫上身。

在合理的訓練的情況下，太極拳小成功法總體時間大概需要三年的時間。

下　部

心道太極拳體悟

〈領悟篇〉

第一章 何謂心？何謂道？

人身上最重要的東西是什麼？正確答案就是～心！德國最偉大的哲學家康德說：「世界上只有兩件事最神秘一是遙遠的星空，二是深沉的心靈。」先賢莊子說：「心者，君主之官也，神明出焉。」這裡的「心」不是指心臟，也不是指大腦。那麼這裡的「心」究竟指的是什麼？它指的是人的一切精神現象的總和。它包括大腦的功能及身體的整個精神功能合而為一的精神全體。

「心」是人的最高領導機關，是人的司令部，是人的個體智慧與自然智慧相連接的通道、載體，是使人成為人的根本。所謂的財色名利都是身外之物，惟有心才是生命的真實存在。如果沒有心，一切都是空洞虛無。如果心不存在，一個人就會喪失視聽言動的能力。

「心」又不是獨立存在的實體，「心」想要做出具體的動作，沒有眼、耳、口、四肢是不能完成的。所以，沒有心便沒有身體的活動，沒有身體則心的活動也體現不出來。心是肉身化的心，身是心滲透著的身。心之所以能夠令周身產生具體的舉動，都是源於內心裡面的想法，也就是太極拳裡面說的意。

意放在哪裡，也就是心在哪裡，拳譜說：「以心行氣，務令沉著，乃能收斂入骨。以氣運身，務令順遂，乃能便利從心。」這就是說人的身體是由心主宰的，一切行

動都是心的意念所支配的。心靜對外界的感應才能明（太極拳的聽勁）。心如明鏡，只是一個明，則隨感而應，應感而化。

　　就算是佛法高深和悟道的人每天也都在遇到新的問題，可是他們都能處理得當，並不是以前他們遇到過此類的問題，而是他們通曉處理問題的大原則，就是心如明鏡，只有心中對一切事物的起因、發展、經過、結果能有一個正確的認識。那在遇到任何問題的時候，都能得心應手，不至於張慌失措，手忙腳亂，所以說「心」的修煉是一切功法及學問的基礎。

　　我們練習太極拳不是只為了鍛鍊身體，更是為了內心的修煉，當練習者的「心」真的鬆靜下來了，那對外來的干擾和攻擊無不應手而解，達到從心所欲的境界。

　　當然內心的修煉到一定的高境界，自然看待事物也就更加淡定、寬容。從而對外來的力量自然包容，周身讓外力無著力處，達到不爭而爭，讓人知難而退的目的，此乃太極拳至高境界。

　　老子說：「大象無形，大音希聲。」現實生活中，最大的形象反而是看不見行跡的，最大的樂聲反而是聽不見聲響的。我們要時刻關注自己的內心，時刻去看看不見的，聽自己聽不見的，只有這樣，我們的功夫才能著落在關鍵處。太極拳常說捨己從人，與其說是在聽對方的勁，不如說是在聽自己的內心。

　　《六祖壇經》中記載了六祖慧能這樣的故事：慧能去廣州法性寺，當時印宗法師講《涅槃經》，有幡被風吹

動，因有二僧辯論風幡，一個說風動，一個說幡動，爭論不已。慧能便插口說：「不是風動，也不是幡動，是你們的心動！」印宗聽後竦然若驚，得聞惠能得弘忍真傳，遂拜之為師。

好一個「不是風動，也不是幡動，是你們的心動！」這句話看似簡單，其實包含了人心至理，道明瞭我們對外力來臨時內心的想法。我們的心才是我們的眼睛和耳朵，也就是我們的思想意識。我們的思想意識決定著我們的行動，心是我們行動的指導，也是我們身體感覺的所在，即風知覺處都是心。這就是意識對身體的指導作用。同時，我們的每一個動作都能表露出我們內心的想法。

在修煉太極拳時，只有先安靜我們的心，從容應對外力，才能聽勁透徹。只有心指揮身體切實行動，才能感到自身內心真實的想法；只有忠於內心的想法，我們才能發揮出身體及四肢真正的作用。當內心告訴我們自身的弱點，哪裡有凹凸，哪裡有斷勁，哪裡不柔順時，我們才會調動周身的精氣和勁路。做到身心合一，才能與對外來的壓力作出最正確的反應。

老子說：「知人者智，自知者明。」「明」是瞭解通曉的意思，想要聽明白對手的勁，就要先瞭解自己的內心，進而瞭解自己的周身。也就是我們常常說的「只把本身功夫做好，則所有的道理都能通曉」。

佛能成為佛，聖賢能成為聖賢，並不是因為他們有法術，也不是因為他們有超能力，而是他們的無窮智慧，那麼他們的智慧是哪裡來的呢？

　　據說這個世界上存在著一種神奇的東西，它看不到摸不著，卻又無處不在，可輕若無物，卻又重如泰山，如果能夠獲知這一樣東西，就能夠瞭解這個世界上的所有的奧秘，看透所有偽裝，通曉所有知識，天下萬物皆可歸於掌握。

　　這樣東西的名字就叫做「道」。

　　道者，天下之至理，固有之規律。不以意志為轉移，道與天地宇宙相合，變化莫測，無窮無盡。是萬物生長之根源，萬事變化之樞紐。具體事物，必循其變化。道之本性便是：客觀的存在，自然的法則。

　　儒家的道，叫做「理」，是從書中讀出來的，而且還是能夠拿出去用的，一旦通理，便盡知天下萬物萬事，胸懷寬廣，寵辱不驚，無懼無畏，可修身，可齊家，可治國，可平天下！通「理」者我們一般叫他們為聖人。

　　佛法的道，謂之「悟」，僧人們一旦開悟，便會視萬物如無物，無憂無慮，無喜無悲，看破世間萬物萬事，洞察一切人性，理解萬民疾苦，擁有普度眾生的無邊智慧！「開悟」者我們一般稱他們做菩薩。

　　而關於太極武者的道則是手中無劍，心中也無劍。大家都知道眼睛裡容不得一點沙子，同樣修習太極拳的人心頭不能滯留一個念頭。我們的心就如同乾淨的絲帛一塵不染，只有保持這樣，我們的內心才能做心如止水，才能夠盡心盡力地修練以求悟道。倘若內心充滿了與人爭勝負，哪裡還會有安靜判斷的心思呢？

　　俗話說：「學武之前，必先學道。」就是告訴我們要

想成為一代太極拳宗師，必須懂得習練太極拳不是打打殺殺，不是欺軟怕硬；也不是天天自誇功夫高強，隨意與人好勇鬥狠。而是路遇不平，拔刀相助；與人切磋，點到即止。只有這樣，才能讓太極拳的魅力充分展現出來，否則一個小人習了武，成了助紂為虐的爪牙，那這門技藝的意義就與大道相反了。

修煉太極拳必須遵循太極的「道」，太極為陰陽變化之道，天地人三才，日月星三耀，無不遵循太極陰陽變化的總規律。易經曰：「一陰一陽之謂道。」太極為萬事萬物變化之大道。遵循大道，培養根基，日復一日，年復一年。積弱為強，陰陽有序，強化肌體。氣血暢通，周流不息，陰陽循環，延年益壽，從而能達養生健身之根本。

體健身輕，始能談拳法之技擊。只有心中的「道」正確了，我們刻苦修習的太極拳才能綻放光彩，所以我們不能捨本逐末，丟掉心中的大「道」而單獨去求招數勝敵，那樣只會浪費時間和精力，即便招數學得再好，也終究只是些花拳繡腿，難成氣候。

佛家所說的心外無物，是說只有心中沒有絲毫的雜念，佛性才能開悟。看破紅塵，看穿生死，才能穩坐紫金台，不以外來誘惑所動。我們修習太極拳的人和修佛的人是同樣的道理，只有一心一意地對待自己的心，把修習大道的其他所有誘惑都拋到九霄雲外，我們的心才能安靜，不會被外來的攻擊所困擾，以靜制動，以不變應萬變，這樣才能取得修習太極拳的成功。

老子說：「上士聞道，勤而行之；中士聞道，若存若

亡；下士聞道，大笑之，不笑不足以為道。」意思就是：上等人聽說「道」，努力勤奮，腳踏實地去做。次等人聽說「道」，偶爾相信，偶爾不相信。一般人聽說「道」，心想，這是什麼狗屁道理，或這道理我早就知道！於是嘲笑之。如果不被嘲笑的話，這個東西就不是真的「道」了。當今太極拳以我觀之練習太極操者有之，十年八年不得其門而入者有之，一味以力或招數贏人，毫無太極拳味道者有之，一心求鬆而忽視其他勁路知陰不知陽者亦有之，概因同道敝帚自珍或自身還未入道，便來教人，美其名曰推廣太極拳。可憐我堂堂太極拳術何至淪於老人健身操的地步。

今提出太極拳當以心入道，結合現代科學的訓練方法，從而提高習者練拳有成的時間和功效。練到何種地步不敢說，但以筆者十幾年的教學太極拳經驗來說，只要老師不是故意誤導學生，教學方法沒有問題，幫助學生按正確的練功道路進行不走彎路的話，三年必有所成就。

如太極拳有一天能不被當成老人的專利，當不負昔日拜師時在祖師靈前的誓言！

附　上行功歌訣與同道共勉之！

大道不離方寸地，非存心兮非有意，更非胸中運精氣，居心純泰然，百體自相依。不著意兮不著心，無心之中是真心，無心之中無有形，虛無養成真虛靈，宇宙混一體，皆從自然生。

第二章 心道太極拳的理論基礎

　　讀者一看到心道太極拳的名字，就會想到不會是又出來一門新的太極拳門派吧？讀者們大可放心，筆者沒有開宗立派的野心，也沒有成為宗師的實力，只是在繼承前輩拳理的基礎上，提出筆者在練習和教學中的一點心得和體會，如果能對太極拳習練者有所幫助，就也算對太極拳的傳播略盡心力了。

　　近年來，隨著武術的發展和推廣，出現了很多新的拳種和門派，太極拳更是如此。在筆者看來這些新出現的拳法大多缺乏理論和實踐，創拳者的水準也就值得商榷了。

　　所謂新拳種，並不是編寫一些不同於傳統拳術的內容、抄襲一些本門派拳理，再編造一些簡單的套路動作，就能在武林界裡隨便確立的。往輕了說是「欺師滅祖」，往重了說就是誤人子弟，貽害無窮。

　　一個新拳種的確立，必須符合幾個條件，第一必須有全面的理論體系；第二有不同於老拳種的技術特點；第三有令人震驚的實戰效果；第四有完善的功法內容和良好的傳承能力；第五得到武術界同仁和學員的廣泛認同。

　　每一個拳種的創立都是凝聚著幾代人的心血，如八卦掌的董海川、形意拳的李洛能、楊氏太極拳的楊露禪，這一位位武林前輩和他們的門人弟子用他們的驚人的戰績，書寫了一段段武林傳奇，得到了當時武術界和後學們的推

崇，他們所創立的拳種也自然發揚光大了。如果不符合這些條件，就是把前輩的理論換個名字，那這樣的新拳種是經不住考驗的，是必會消亡的。

心道太極拳並不是一種新的太極拳法，而是解讀傳統拳學理論的方法，是來源於傳統的拳學理論，繼承了歷代拳學的精華，在繼承傳統拳學的基礎上用現代科學理論來指導太極拳的學習和訓練，使之符合現代人的運動要求，更好的發展太極拳。

筆者根據與拳友和學生們的總結、理解，對心道太極拳的拳學理論和功法訓練作簡要的介紹。

1.確定以養氣為基礎的原則

太極拳是一種養練結合的拳術。和外家拳不同，它首先要強壯自身，先養好自己的身體才和外界對抗。養好自己的身體，不單單是腰不酸了，背不痛了，更重要的好處是內壯臟腑。

古人說：「一身之理，以陰陽二氣長養百骸，一身之內莫不含陰陽之理。」太極拳充分地運用了陰陽之道來解釋人體的結構，以及如何利用陰陽之道來調節身體機能，保持身體內在平衡，從而達到健身、養生的目的。心道太極拳和其他內家拳都是把練習內氣看做是學拳的根本。

中醫學把氣分為元氣、宗氣、營氣、衛氣等。氣既然是人體生命運動的動力，離開了氣，生命就要停止，所以，《難經‧八難》指出：「氣者，人之根本也。」具體地說，氣在人體中有推動、溫煦、防禦、固攝和氣化的作

用。

(1) 元　氣

元氣是人體最基本的、最重要的氣，是先天具來的。體內元氣由腎中精氣所化生，起源於腎，彙聚丹田，通達全身。元氣也就是道家常說的「丹氣」。我們看見人剛生了大病或是身體虛弱，就會說他元氣大傷，便是指的他元氣不足。

我們練拳要注意補充元氣，我在教學中常拿存錢和花錢來把比方，養元氣就是存錢，發勁打人就是花錢，沒錢了怎麼去花錢呢？只有元氣充足，練到氣貫帶脈，精力充沛，才能談到防身技擊與人爭雄。

(2) 宗　氣

是由清氣和水穀精氣結合而成聚於胸中，其氣幫助呼吸，推動氣血運行，是後天養成之氣。

拳學大師王薌齋提出「空胸實腹」，就是用後天之氣以養先天之元氣。

(3) 營氣和衛氣

營氣由脾胃所化生的水穀精氣生成。行於血液之中，具有營養作用，又稱「營血」。經由任督、十二經脈和奇經八脈運行，其氣營養全身。

衛氣也是由脾胃所化生的水穀精微之氣而成，但行於脈外，皮膚骨肉之間，遍佈全身，無處不到。其氣維持人體內外環境的陰陽平衡，抵禦外邪入侵，安靜體內。練內家拳的人在正確的練功方法下，不久便會感到身體的某一部分麻、漲、熱。這就是氣感，是「營血衛氣」的感應。

營氣和衛氣都源於水穀精氣，他們平衡暢通，才能百病不生，外邪難以入侵。

元、宗、營、衛四氣在體內的組成、分佈、功能雖有所不同，但卻是密不可分的，「氣本一元」說明人體之氣是一個整體。太極拳的「渾圓」就是將四氣的運動規律化，達到相對平衡協調，氣血順暢。

太極拳調動人體內的元氣，打通十二經絡與奇經八脈，使通體透徹運行舒暢，發掘潛能改造身心。營衛之氣融於丹腹，也是得太極拳發勁的根本。

元氣充足，不但能改變人體的功能狀態，還能使人脫胎換骨產生意想不到的功效。

2.確定以內、外在感應意識訓練的原則

精神和意識活動在心道太極拳練習和應用中佔有相當重要的位置。人的精神狀態在不同的意識控制下是有區別的，要想在精神上培養出拳術中需要的反應來，必須在練拳的同時加強意識假借訓練。

人的意念關注某一事物時，關注的程度越高，意識就越強。將有意識的行為對內轉化為潛意識的自然反應，對外在的刺激表現為無意識的自然反應，這種條件反射在按照太極拳的技擊規律，來進行意識強化訓練，轉化為人體的自然反應，這種本能在特定的情況下可發揮出意想不到的作用。

太極拳練拳和推手以及技擊中的精神和意念的練習功用，應該是虛中求實，實中求虛，注重假借誘導和意識思

維活動的統一，來恢復和加強人體自衛搏擊的本能。

3.確定以「心」體察自身的聽勁訓練原則

身體的動靜開合和體內的氣血神意的運動都是由心支配的，認真安靜的感知自身的勁路變化是聽勁的關鍵。保持自身的均整不被外力破壞，感知從而更加細微，由自身細微的變化去瞭解對手勁路的輕重、快慢、長短、方向的變化。達到無論對手的壓力多大也對我無作用，我自身仍能保持平時練拳時的狀態。

太極拳技擊的高深原理，是意念和氣場形成的圈，就像充了氣的皮球，又像旋轉的陀螺，球體內勁充足，球體的表面勁力均勻、陰陽平衡，旋轉不斷。無論在任何情況下，在球體任何部位受到外力時，都會保持內部的完整和統一。在不受外力時又無絲毫之力。

當用外力施壓時就會感覺到圓中如有黑洞，沒有力點並具有吸力，吸力的大小完全取決於外力的大小，使人心裡自然產生恐懼感，這就是太極拳的以「心」體察自身，不受外力影響而形成的太極拳勁，形成的圓才是太極拳混元功夫。如果以聽外來的力為主，容易受外來強力影響，產生頂或丟的失誤。

4.確定以現代科學為指導的訓練原則

太極拳是科學的，這一點是不言而喻的。但千百年來人們在傳習太極拳時，卻加入了太多的玄學，使太極拳披上了神秘的面紗。這有前輩當時的科學侷限性，但更多是

人為的把太極拳神秘化，以抬高老師的身價。

　　社會在發展，人的認知水準也在不斷提高，古時認為只有神仙才能做到的事，在現代科學的理解下，普通人不也可以做到嗎？

　　一切事物都是有其原理和規律可循的，如果只是一味的用神秘主義來解釋老祖宗留下的東西，哪祖宗留下的這點東西最後也只能是永遠的神秘下去，最終成為傳說。

　　我所希望的《以心悟道練太極》的練習者是以科學和務實的拳學精神來瞭解和訓練。用現代科學的方法以整理太極拳學，先要丟開屬於玄學的東西，進而求其實在的科學原理；得到拳理，在進而加以科學的方法練習，然後發見中間的精華。

　　以現代科學的原理，如力學、醫學、運動學、營養學等各個方面，去理解包括太極拳在內的所有內家拳法，找到更加科學的訓練和教學方法，更加高效率的提高太極拳的養生和技擊水準，是我們現代太極拳傳播者的目標，也是我們的責任。

第三章　拳道雜談

這一章記錄了現在的一些對太極拳的理解，既然是雜談，就難免囉嗦重複，太極拳的每一種體用都不是單獨的，談到一種技法，說過的東西還會牽扯到，希望讀者諒解。

如果上部的基本功沒達到要求，下部的看了也不一定懂，太極拳是一層功夫一層理，老師們切忌不要在學生功夫不到時講他們接受不了的拳理，那樣只會讓學生更糊塗，搞不清當下練什麼對他們是最重要的。

如果你能看懂我本章裡寫的而不認為我是在騙你的話，那我認為你應該完成基本功，小成的功夫上身了。

第一節　聽意打意頭

聽是聽勁，打是發勁，這裡主要是控制的意思。

聽勁練到一定的階段，就可以透過準確的判斷，在對手的意念開始活動的一瞬間進行有效控制。

意念是指揮動作的源頭，透過控制源頭就可以封堵住力源，把對手的力憋死在體內。

找準對手的力源是關鍵，在對手動意的一瞬間，對手的力源很可能在肩上，我們可以透過對準關節的方法來堵住對手用肩來催動的力。如果對手的力源在腳上來或是丹田、膻中等其他的地方，也不用擔心，由接觸點細心的感

覺對手意念的方向，在將展未展，將出未出的時候，將對手的意力封住發放。

太極拳常講後發制人，我是完全同意的，問題是要正確理解後發制人的真正含義。不是說別人馬上打到你身上了，才化解反擊，相反，真正的太極拳高手只有他打別人的，沒有別人打他的。對手意念一起（妄動），我的意念順對手意念而動，控制對手的肢體令其背式。

在推手或是散手時，我的意念要始終壓制對手的意念，「敵不動，我不動，我意在敵先；敵微動，我先動，我意亦在敵先。」意念的強大在於內心的強大和周身的統一，他能讓你準確的判斷，全身服從心意的指揮，作出正確的動作。

封堵對手的意念，就好像和鄰居打架，要堵在他家門口，露頭就打，讓他連門都出不來，但他不出來時（意念不重或不動時）我也不進他家去打。

發放對手除了整勁要好，守中和求側是重要的。

這裡的守中，不但是保護自己的中，還要看守住對手的中。

中是身體的中線，因為太極圖是圓的，也可以理解成圓心或中心點。對手的中是你最好的攻擊點，是他最難防護的地方。

在對手的意念妄動，也就是他想攻擊你的時候，是他的中最難守護的時候，只要找準，往往能一擊得手。

推手中透過接觸點來找對手的中，因對手的意念先動，在接觸點的肢體會有緊的感覺，一瞬間來力會變為明

勁，順著僵緊的部位是可以將勁打到對手的中的。

在問到對手的中以後，還要注意隱藏自身的中，你覺得找到對手的中了，可以放心大膽的進攻了，那就錯了，太極拳講究去三分、留三分、還有三分衛自身，就是有聽死了對手的把握也不能孤注一擲。中國人講究給對手留有餘地，其實這餘地是留給自己的，這最後三分就是要保護好自己，不要自己的中露得多了，讓人反擊得手。

在剛練單推手時，老師就應該告訴你什麼叫求側了。

在兩個人都在運動中的時候，中是不斷在變化的，哪裡是中啊，對手憑什麼不動讓你推啊，散手時對手會敞開門讓你打嗎？我們在推手找中時，故意找多一點，求他的側面，讓對手感覺你沒找到，但又不能不理，他一化剛好中就跑出來了，通過對手的側，最後打的還是中，就好像散手中的虛招和點拳，明知道打不到，就是要騙你，讓你的中自己跑出來。

有學生問我，老師你說太極拳不能和對手硬頂，那你封堵對手的意，不讓對手的力出來，算不算頂呢？

我沒頂，首先對手意動時他肯定有要攻擊的目標，也就是我可能露出的中或中的附近，但我的意和對手的意接觸的瞬間，我的中已經藏好了，也可以說已經化了，只不過我化的是對手的意。

其次對手的意和勁力在這時候沒合在一起或是合在一起了而空間不夠（在其內圓，沒形成勢，力上肩或兩肘小於90度），這時我的勁力占絕對優勢（我是整體的，對手是散的）還不放手去發勁，你當我傻啊。

在與對手交手之前，我們的意念要領起，也就是精神要提起來，全神貫注，不能有一絲懈怠；周身卻要放鬆，不能有一絲僵緊。

第二節　莫讓絲拉斷

太極拳有「運勁如抽絲」的說法，但我這裡說的絲和陳式太極拳說的纏絲勁、楊氏太極拳的抽絲勁有理解上的不同。

張三豐說：「勿使有凹凸處，勿使有斷續處。」說的是意和氣，我說的絲就是連接身體各部位的意、氣。

絲沒連起來，就是有斷勁的地方。在推手中一旦斷勁，就很難再把勁續上了，因為斷勁會讓動作出現滯，對手的勁馬上會從斷勁的點滲進來。

斷勁會引起轉換不靈，力源附近肌肉緊張，濁氣上浮等問題。

在太極拳走架和推手時，由靜入動，體內陰陽便需圓轉自如，真氣隨心意運行，無始無終，如長江大河滔滔不絕。

身體內不是一根絲，而是無數絲處處相連，絲的感覺要越練越細，周身有牽扯而絲又不拉斷。

當推手是兩手往前推的力一致時（如老師表演時讓學員或觀眾雙手用力推），這時絲的中斷點往往在中間，力源點出現在肩上了，實際上這時兩手臂已經相互沒有關係了，發出的是拙力。

很多老師在示範時，讓學員推其身體的一側或一條胳

膊，然後將力轉換到另一側的手臂上，將學員推出，為展示化勁的從容，被攻擊一側的手臂往往全不用力的耷拉下來，其實這也是一種斷勁（兩手沒關係了，絲一端掛在反擊的手臂上，另一端在膻中或命門處，出現起點了），表演推手可以，真正實戰較量時，這樣做腰的轉換是不靈的。一手化一手攻，相互之間是要呼應的，一邊多一分則斷，少一分則懈。

在每個關節和肌肉之間都應該有絲相連和牽扯，絲的感覺要細到梢節。

絲線的長度是有範圍的，也就是教拳時常說的，危險的地方不去，不舒服的地方不去。和水準好的太極老師推手時會感覺對手的手臂長，這是人家的絲可以放得比較遠，都捋到自己背勢了，人家的絲還沒斷，這是功夫。

不能怕絲被拉斷了，就縮手縮腳，那就沒絲了，氣沒貫到動作裡，那就是丟了。

在推手時，對手的中往往成為斷勁的點，這是因為急於進攻或修補自己所犯的錯誤，用拙力了或動作大了。所以找到對手的中，也不要急於進攻，要用意看住，讓對手犯錯，甚至一點小的失誤（可以用拙力和速度彌補）也只是用意壓制，擴大對手的破綻，只要對手中斷點出現，為了彌補斷的地方，會不斷犯錯，這時用很小的成本就可以取得良好的效果了。

絲線的拉扯是二爭力的體現，是氣遍全身，周身一家的表現。絲是氣還是力？力氣力氣，力和氣本是一回事。「氣至則力必達，氣者力也」。

左右對稱，上下對稱，前後對稱。左向前動一分，右就向後動一分。無論練習時的均勻和緩，對敵時的完整迅猛，都需要均整一致，節節貫穿，周身一家。

第三節　周身勁渾圓

內勁要隨著內氣的運轉，分佈到周身去。全身要練的像個球體，撐六抱四，與人推手，就像球體在滾動，讓人摸不到中心和力源。

「形不破體，力不出尖」是內家拳的共同要求，如何不讓對手隨意的攻進我防守的範圍，保證我不犯扁、丟之病，要靠混圓勁來進行走化和防禦。

渾圓狀態是立體的，不是平面的圓，或雙手劃的圈。要在全身拉絲（氣的運行）的基礎上，形成的既放鬆又沉重的感覺（明明沒用力，對手感到很重），要做到皮肉鬆如棉，骨重如山。

渾圓狀態不是說沒有中和力源。只是要把中保護起來，不讓對手輕易摸到，在對手的來力碰到球體的外沿時，整個球體要借力轉動，讓來力沿著球體的外沿邊線（這時邊線要形成切線）滑開，這樣不但可以保護好自己的中，還容易造成對手的失重或中暴露出來。

力源是在丹田和腳下（有人說在脊背，我認為那還是局部力），丹田氣貫於衛氣，分佈於骨骼肌膚，攻擊時可凝成一點，如掌吐珠，擊透對手身體傷人。

化來勁可散於腳下，不管攻擊或化力，勁都需要向六面發散，也就是向前、向後、向左、向右、向上、向下都

是相等的。力源如在其他地方，就不是渾圓，會出現斷勁，斷勁後用的力是局部力。

渾圓的球體可大可小，大時可膨脹壓迫對手，使對手的空間變小，但不能出尖，出尖圓就破了。小時可以無形，收回丹田或鬆於腳下，完全藏起來，但渾圓還在。具體用時根據對手勁路，忽隱忽現，忽收忽放，或形於外，或藏於內，任對手千變萬化，我自真氣充足，圓轉如意。

在渾圓勁充足的情況下，可以「以球體砸球，以中碰中」。這個技術在三種情況下可以運用。

一是我侵入對手的內圓，對手已經破圓了，中出現中斷點，或我的圓將對手的空間壓扁，可以發放對手了（推手時可以如同將所抱之球拋出，散手時將掌心所含之珠或拳面所掛之珠射出）。

二是感覺我的丹田比對手的丹田氣要足，均整度要好，我是坦克你是小車，擺明了欺負你，對準你的中，就是砸進去，讓對手封又封不住，化又化不開（看住中）。

三是對手大力壓過來時，我的球體變小，將來力化解，待對手舊力已去，新力未續時（斷勁，這時對手往往萌生退意），球體向外膨脹，意專注對手中線或力源，將對手彈出或擊出。

有學生常問我，用渾圓時會不會和對手頂呢，我很明白的告訴他，會的，在你的渾圓勁不如對手時，走化不掉，就只有頂了。球體在可以滾動時是不會頂的，只有滾動不起來了，才會頂。

但頂住了，也不用怕，只能說明你太極拳的水準和對

手差不多（在對手不能將你乾淨的發出去的情況下，因為他也頂了），這時誰變點快，誰就占上風（後面會講），變不了也不代表會挨打，因為怎麼頂也是有學問的。

當對手防禦圈小時（肘關節小於90度），你當然可以頂，甚至能看住對手的中，壓迫對手讓他斷勁。在兩人的中間你也可以頂一下，但願你的丹田氣比對手充足，千萬別上肩，局部力是頂不過整體力的。

你的防禦空間比對手小時（肘關節小於90度），對手侵入你的內圈，又難以走化（腳被聽死了，不敢動，一動就全失），這時你只能把力合到腰部以下頂了（別和我說要鬆到腳下，要是能鬆到腳下，就不會這麼背勢了），含胸，放鬆肩，兩肘儘量貼近兩肋，意念放到腳上，全力防守別想攻擊了，盼望對手的長力快點過去吧，如果對手還有餘力變成短勁時，那就只有挨打了。

我見過很多練太極拳的，就練化，不練發，和人交手時，認可被打也不頂（但丟了啊），這樣練習是可以的，但和人真的散手時，我只能說沒被人打死你真幸運。

我曾經碰上一位太極拳老師，化我的力時兩手都化到身後去了，腰彎的像蝦米，嘴裡還說我還能化，往下一壓就趴在地上了，這也算他化了吧。太極拳的根本就在於變通，不知變通的人練幾十年也是白練。

第四節　接迎一瞬間

關於接力與迎力的區分，最早是在臺灣聽一位太極拳前輩提到的，之後對這個問題很感興趣，深入的考慮也和

同道探討過。

我的理解是——迎是主動的，接是被動的。

迎是對著對手的來勁的力源迎上去，所謂渡河未濟，擊其中流。提前控制，是我在教太極拳散手中反覆要提到的，在對手形成勢之前，判斷準對手的路線，將對手的勁路封死在力源附近，讓他的勁出不來，是最好的化解攻勢的方法。提前迎擊，禦敵於國門之外，拉開攻擊空間，逼迫對手讓出中門。

迎力的關鍵在於迎中有化，化打結合。要錯開對手的來力，不能與來力正面相碰（**除非你的功力好出對手太多，否則不划算**），要聽準力源，找準對手來力的側方位，在接觸點的位置與來力發生摩擦，錯開的方向越小，你的判斷越好，產生的效果就越好。

旁觀者看到的是你迎著對手堵上去了，實際你沒有碰到對手的力點，躲過了鋒芒，關閉了對手的大門，所以說太極拳高手打人，別人看不出是練太極拳的，和影視作品不是一回事。接手後一看對手沒東西，迎上去，腳踏中門，抬手一碰就完事了。

接力是被動的，迎是你知道客人要來了，速度、路線、遠近、方向你都知道，當然要去迎了。接是對方到你家門口了，你才知道，沒辦法出門應，在家門口接吧，對手快點就進家門了。

接力是在來勁的中期或末期才急起應變的，這時已不能提前控制對手了，要以化為主，接來勢回收防守，能黏則黏，能走則走，順勢而為，待其久攻不下，力竭斷勁，

回收想跑時，順勢反守為攻。

接力時要注意久守必失，要化中求進，步法儘量走斜方位，不能連續後退（退的永遠沒有進的快）。

接力時如發現對手用的是拙力或是出現斷勁，可以合住勁，把對手的勁放在腰上或腳下，借地面的反作用力發放。要注意的是，如判斷錯誤，那你就失去走化的機會了（因為腳重了，難以活步了）。在散手中除非你可以瞬間發力，否則這個方法不適用。

曾有學生站著不動，讓一愛好者隨便推，他後來問我，為什麼每次我都要化不開了，只要對方再加點力，或是第二個力來的快點，我就被他推動了，可是每次到關鍵時，對手就要重新開始呢？

我說：「那是因為對方的力是拙力，他沒法連續出力，每次都是有斷的地方，第一次力竭後要重新蓄力，而你回復到整合的狀態的時間要比對手短很多。」

接力與迎力，都要靠時機的把握，在接觸的一瞬間就要完成。這種準確的判斷是需要聽勁達到一定的水準，還需要交手經驗的豐富。

第五節　開合一定間

太極拳的運化，不論進攻和防守都是有一定的範圍的，出了範圍就是過，「過猶不及」是太極拳的大忌。

太極拳的一切理論都建立在太極圖上。也就是形成立體的圓，陰陽變化，吞吐開合都要在圓內進行，這樣才能使陰陽圓轉如意，內勁生生不息。

太極拳的運動，不論拳架或是推手、散手都不能破壞整體的均勻（不是速度而是力的分佈），任何蓄力或是發力都要在自己可以控制的範圍內進行。太極拳講究去三分，留三分，還有三分衛自身，認可打不了別人，也不能讓自己有危險。

很多練傳統武術的看不起現代武術，尤其看不起西方的格鬥術，如拳擊等。這恰恰是缺乏自信的表現，在我看來拳擊的訓練方法是有我們可以借鑒的地方的，甚至是符合我們內家拳的技擊原理的。

我經常讓學生去看泰森比賽的影片（Video），泰森在比賽中常常步步為營，雙拳和身體形成弧度，上步時如球體運動，雙拳很少像其他拳手一樣長距離攻擊（這樣打擊力度差，斷勁明顯），而是用穩健的步法不斷將對手逼迫壓制，沒有把握的情況下很少出拳，在自己的範圍內給對手於猛擊（上身的放鬆，步法的置換，精神的集中，都符合內家拳的特點）。

在與人交手時，要注意腳步與手臂、身體的協同，要敢於調動對手，如對手的圓破了(防禦空間)，要敢於切入對手的圓，利用對手急於修補破綻造成的頂、滯、斷、癟等病，以圓碰中，擊打發放。發放時蓄勁越短越說明功夫好，要讓對手和旁觀者感不到你蓄勁了，我們剛練習合勁時經常要坐胯，含胸，甚至在打拳架的蓄力還要把拳頭收回來（這是錯誤的練法），以求發出的力最大化，這在中後期的太極拳的練習中要完全改掉。

蓄力基本要在抬手間就要完成了，發力更是短促，

A點到B點的攻擊距離心意一動就要直接完成，決不能回縮，那樣會使攻擊距離拉長，讓對手有時間在攻擊路線上沾黏控制。在發勁時要手、腳、身法協調同步，腳到手到身也到，打人如同開玩笑。

第六節　呼吸任自然

　　太極拳的呼吸要求細、輕、長、深、勻的腹式呼吸。在前文中我已經講過太極拳架中，不用刻意的用呼吸去配合動作，在太極拳推手和散手中呼吸也是自然就好。

　　在推手中，聽對方的呼吸也是判斷對手的方法。當兩人搭手後，靜靜聽對手的呼吸，感覺對手呼吸的規律，一般對手要攻擊時，呼吸的節奏會打亂，有時蓄力時會深吸氣，用拙力時呼吸會變得短促，緊張時呼吸間隔時間會變短，呼吸變淺。

　　從呼吸上我們還能聽出，對手的中和是否斷勁，如能準確捕捉對手吸氣的頻率，吸氣和呼氣的轉換點會有中斷點，在對手剛吸氣時找準對手的中，等其要呼氣微微下沉還沒完全沉時，果斷發出勁打入轉換的中斷點，效果是比較好的。當然，前提是能聽到呼吸轉換的中斷點，和把握住機會。

　　在推手中，呼吸不能太明顯，以防被對手聽出破綻。散手中更要合理的分配氣息，不能很快就暴露出氣短勁斷的問題。勁是靠氣的運行分佈的，氣跟不上，勁很快就沒有了，或是斷了。

　　呼吸是補充元氣充足的前提，武術家們在打鬥中很少

會出現氣喘吁吁的情況，一方面固然是元氣充足，更重要的卻是自然的腹式呼吸給丹田提供了源源不斷的後備軍（氧氣），足抵得上消耗了。

呼與吸交換時，要有如同弧形的短暫過度，過度時要沒有停頓，細微圓滑的自然完成交換。

第七節　形散意不散

太極拳重意不重形，有「不求形相似，只求神意足」的說法。在走架時要強調形斷而氣不斷，推手時要形散而意不散。

在推手時外形上的三合固然重要，但不要處處拿著架，容易局部緊張，打起來難以放鬆，影響發揮。

在功夫練到一定階段後，已經不需要靠外形上的飽滿來進行防禦了，外形要與意分開。搭手時，肢體肌肉越放鬆越輕越好，而意念上卻要保持高度的緊，這裡的緊不是僵緊，要看住對手的中，可以應變各種狀況。

在肢體上，放鬆可以使聽力更靈敏，反應更迅速。在手法上要不斷引誘和欺騙對手，使對手感覺有機可乘，使對手出尖破體，盲目出擊，孤軍深入，發現對手出錯，心意可立即指揮外形上的整合，鎖、封、扣、纏將對手勁路封死，令其欲進難進，欲回無路。

「示之以弱，逗之以強」，是我提出的「心道太極拳」街頭實戰原則，太極拳推手到後面與高手比試基本上都是比誰更有欺騙性。陰轉成陽再轉成陰，一來一往，欺騙對手的目的就達到了。堂堂之陣，正正之師是硬打硬

碰，不是太極拳。

感覺對手水準高於己，感覺沒把握時，要加重意念，在氣勢上要不斷壓迫對手，給其壓力，令其不敢妄動，肢體要更鬆，不能給對手機會。對手水準與己相當時，意念可相應放輕，視敵而動。總之要外鬆內緊，含而不漏。

在推手中還有一種情況比較常見，當攻入對手圈內時，對手順勢形成合力，長勁難以攻下，短勁沒有把握，這時往往會選擇撤退回來防守，使力撤的太快，這是非常危險的。

正確的方法是，肢體保持原狀，意念繼續給對手壓力，而內勁逐漸回撤（放鬆下沉），不給對手反擊的機會，這時形與意也是分開的。

心為人體內自然的本性，是人體內部的指揮部，五官百骸肢體無不聽從於心，意是意念，是外界對心的影響反映出的本意。不論是有意識、無意識，都是這樣，我們不論練習那一家的太極拳都要淡化有意識，強化無意識，但完全無意識也不對，又過於執著了，「有意無意是真意」。

我們和人交手時，由於對手的不同，會遇到各種各樣的招數和勁路，會對我們產生內在或外在的影響，我們的本心要堅持不動，所謂「他強任他強，清風拂山崗，他橫任他橫，明月照大江」。意念卻要隨外應的變化而變化，由始至終全神貫注，排除雜念。

肢體服從心的命令，也感應著外界的變化，透過接觸點聽勁，傳送到心，對手一有進攻的狀態，只要一有感應，就要瞬間做出正確的反應，這是心指揮意，下意識做

出的，命令肢體由靜到動的過程。古人講「心意君來骨肉臣」就是強調心有所感，意必所動，心意為主，外形為輔，要重意而輕形。

第八節　圓空氣不空

圓是圓和之意，太極拳一舉一動無不成圓，初學者肢體要處處化弧，但學了幾年推手散推，還兩手不斷在身前畫弧，我就不知道這是在幹嘛了。

太極拳練到一定階段後，推手時身前的圓要能空，也要敢空，完全放棄緊張感，放鬆拉長關節，把對手放進來。圓不是不在，而是無處不在，無處不圓。古人說：「妙手一運一太極」，不是說兩手畫出的圓，而是說，就算我是直拳打出去，圓也是在的，融入在太極的陰陽變化之中。

氣需斂，也就是不能散，要收到骨子裡，不能讓對手察覺到危險。用氣來貫穿全身，甚至來與對手相連（以意行氣），這樣才能誘敵時極柔軟，使對手放鬆警惕，入了圈套時，意氣外現，化柔成剛，順敵之勢，可便利由心。

周身順隨時，還要和對手連動，大家一起向一個方向努力，在引對手時，還要時刻注意幫助對手，有時還要故意露出中，讓對手大膽的進。

中不能讓對手摸實了，在對手進的過程中，意念和手臂要在對手兩側，甚至意念要到對手身後去，看似幫助實是引導對手失重，在一定的位置（失重出尖）或對手的頂勁出現，放空我的中，讓對手失去目標，入我機關死不

知。「引到身前力始蓄」，怕是晚了，還是初級功夫，氣在運行時，絲絲入扣，相連無端，氣運行絲間，忽隱忽現，氣斂入骨，神舒體靜，刻刻在心。

圓的放空，是為了將對手放進來打，這要比禦敵於國門之外，更省力，效果更好，難度也更大。接觸點要引動對手，快了對手的力跟上來，就引到自己虛弱被動處了。慢了被對手黏上，就甩不掉了。要點是完全和對手同步，捨己從人，與對手的意氣相連。還不能完全聽對手的，要將對手引到你的軌跡上來，最後按你的節奏走。

圓放空了，不等於沒有了，要包裹對方，將對手融入你的空間。在你的空間裡，也就是你天天練習的東西，都練熟了，這時打起來，應該不會或很少犯錯了，自信心也會變強。就好像你和外面的人打架，你把他困在你家裡，刀子、棍子的擺放你都熟，哪裡有個坑你都知道，打起來信心自然足。

放對手進來當然是有風險的，但是當對手進攻時，其實他的中也會暴露，加上進攻時的起意重，氣會上浮，會出現很多斷、緊、憋氣的問題，這時也是反攻的機會。

切忌不能丟，這是初學者引進時常犯的毛病，控制不了對方的勁了，會造成放進來後背勢挨打。

在推手時，無論任何狀態下，都不能讓對手的手碰到自己除手臂以外的地方，有很多老師為了顯示自己身上也能化勁，故意讓對手的手肘碰到自己的胸腹等處，這其實是將命交給對手了。

身法化是指身體中線如成為對手的打擊目標時，敵

未動，身已有感應，與手相配合（如活步還需與步法相合），提前轉換的方法。

在進攻時往往是最危險的時候，任你功夫再高，也沒有不露出破綻的，要打人就要做好挨打的準備，因為接觸點發勁的一瞬間必然是剛勁（這時的剛勁，需是柔勁轉化的，「所謂有心求柔，無意得剛」）。太極拳推手和散手瞬息萬變，剛柔變點轉換，很難說對手就沒有後招，所以要留有餘地，以能應變。

第九節　虛實變中求

太極拳拳譜說，「虛實宜分清楚，一處有一處虛實，處處總有此一虛一實」。虛實即為太極拳陰陽變化，我們知道陰陽具有無限可分性，陰中含陽，陽內有陰，陰中還能分出無數陰陽，陽中亦是同理。

在練習太極拳的初期，學者在練習拳架時，常常進行大範圍的虛實轉換，動作明顯，過程簡單。在中後期的推手和散手中，要變成虛實轉換之間沒有明顯的界限，在很小的範圍內進行，難以讓對手察覺，內含虛實而不外現，方寸之間可隨意轉換。

太極拳的虛實變化首先要在圓內進行，講究過猶不及，虛實的轉化，也就是精神和肢體肌肉的剛柔變化，柔和剛，都不能超過圓的範圍（也就是剛柔的界限，不能全剛全柔）。鬆柔不是全然無力，全然無力就會懈怠軟丟，這將失去變化的敏捷性和防衛性，剛勁太足就會過度緊張以致肌肉關節處僵緊，反應慢動作呆滯斷勁。因此，超過

一定限度的純陰和純陽，不僅不是太極拳的虛實，反而會制約太極拳虛實之間的變化。

如果把太極拳的運動軌跡看做是由無數條直線和弧線組成的，那線上上的每一點都可以進行虛實變化，柔點隨時可以發勁，剛點隨時可以放空。在練習中要從面、線、點由大到小去體會虛實變化。

虛實變化關鍵在於變，虛實關係是相互交換的，最典型的就是兩腿的虛實變化，我稱作輕重置換，世界上沒有一種對抗的競技武術是可以站著不動的，唯獨定步太極推手可以（我是反對長期練習定步的，它會妨礙散手的練習），因為他和其他技擊術一樣也在進行重心的轉換，只是更加細微，更加靈活。

兩腿上重心的輕重置換既要遵循三七到二五的關係，還要根據情況調整分配，在每一點上都可以重新進行細微的轉換。等到這種轉換在活步推手中能運用自如時，在散手中步法的靈敏度和穩固性就可以兼顧了（我們常看到練習散手的人，在比賽中，有的下盤不穩也就是沒根，有的過於往下紮，是穩了，但反擊啟動卻慢了，太極拳的由定步到活步的訓練方法就是為了解決這個問題）。

「遇虛當守，得實即發」。是運用虛實的原則，是說在沒有摸清對手的虛實轉換規律前，應當以鬆沉為主，不能急躁，待對手轉換不靈（找到變換的中點了）馬上變鬆為剛，果斷發放，不可猶疑。

在推手中，化解對手來力時，應注意不可簡單重複。比如，對手來一個力，我如此化，馬上還是來了一樣的

力，還是一樣的化，對手就會從這兩個變化中找到虛實的規律，下一次如果還是如此的話，就會被動了。

我師父常說「面對面，立即變」，當兩人推手時發生了頂牛時，誰也不敢後退，一退就全線崩潰了（一說起頂牛，很多太極拳家無不咬牙切齒，其實頂牛不能說是練拳者的錯，明明推手是一種訓練方法，偏要搞成競技項目，選手如實力相當，又求勝心切，可不就頂上了，搞得現在私下交流也變成想贏怕輸，推手變成頂牛比賽了），這時誰敢於在點上變換虛實，誰就可能把握主動。

第十節　大道似水流

太極拳是道，練習太極拳就是修道的過程。莊子在《大宗師》裡對道作了這樣的解釋：「夫道，有情有信，無為無形；可傳而不可受，可得而不可見；自本自根，未有天地，自古以固存；神鬼神帝，生天生地；在太極之先而不為高，在六極之下而不為深，先天地生而不為久，長於上古而不為老。」

此話讓我們對道的特徵有了明確的認識。道為萬物所依存，同時卻又永恆變化，道可以心傳而不可口授，可領悟而不可認識，道不僅是產生自然的根本，也是自然萬物運行和發展的規律，但卻對萬物具有逆反性。聽上去就彷彿道就在身邊、就在我們面前，但要把道抓到手上細看為何物時，卻發現兩手空空。在這種欲知而不得的尷尬中，先賢們把目光轉向自然界之時，便發現了水，認為水與道最為接近，便以水喻道。

「觀水其無形，觸水其無狀，嘗水其無味，聞水其無聲」，而水又確實存在。在中華傳統文化中水具有特殊的地位，它和太極拳之間也有著深深的聯繫，「天下之至柔，馳騁天下之至堅」，是太極拳的技擊之道和水之間的共性，是前輩們格物取意的至理，從這裡可以看出，太極拳可以完全說是水性拳。

水和太極拳的共性

⑴流動性：

「水之形，避高而趨下」，水是流動的，並由高往低流動。在太極拳練習中，要求意氣不斷，如長江大河滔滔不絕。在推手中我們的意氣勁要向水一樣往對手空隙處流動，將意滲透進去。

千里之堤毀於蟻穴，只要有小小空隙哪怕如絲般細小，水也可滲透，令其防線斷裂。

水在流動時遇到阻力會繞過阻力，迂廻前進，太極拳推手時，如遇對手阻力，也要向旁邊迂廻讓過對手的力，最後向對手的空隙處流動。不論對手如何阻擋，路線可以變，目標是不變的。

在散手中，水的避高而趨下的特性，也讓我們瞭解太極拳不能處處有爭勝之心。示之以弱，逞之以強的技擊原則是我反覆提到的，在運用太極拳時要學會捨得，如有被制的地方，就要果斷捨棄，不爭一時一地，如果水爭的太多它就不可能自由的流動，水利萬物而不爭，不爭是爭才是太極拳的至高境界。

(2)包容性：

水溶萬物，海納百川，太極拳與人交手時要將對手來力融入自身的環中，然後向四周擴散，將力化於無形之中。就好像用力將拳頭打入水中，水遇力會向四周散開然後將拳頭包裹起來一樣。同步融化對手的來力，包裹住對手，使對手的力落於空處，自身的力進行發散，淹沒對手並產生漩渦，破壞對手的平衡。

「使敵深陷此圈內，四兩撥得千斤動」。太極拳也和水一樣，博大精深，對各門各派的武術都能相容並蓄，梅花太極拳、心意六合太極拳、四維太極拳等，都是與其他兄弟拳種合併而成，在實踐中，練過其他武術或西方格鬥術的人，再練習太極拳會發現以前的功夫會大為長進，這已經是學者的共識了。

(3)公平性：

《說文解字》對水這樣解釋：「水，準也」。水面是最平的，些許傾斜都會破壞其形。太極拳論說：「立如平準」，就是這個意思，太極拳不論走架和推手都不能忽高忽低，左傾右斜，前俯後仰，要儘量在一個水平面上。「北方之行，象眾水並流，中有微陽之氣也」。水外陰內陽，散手更要冷靜沉著，不妄動，藏銳氣，保持身體中正，待機破壞對手平衡。

(4)可塑性：

水無色無味、透明無形，把它裝在任何器皿中就呈現器皿之形。水的這一特性與深受道家影響的太極拳，所講的無形無象、捨己從人、不斷變化全然相同。

在和人交手時，不論遇到何種情況，何種力量和技術，都要因敵而變，因勢而變，不能一意孤行，還要做到輕、柔才能來得及做出敵變我變的反應。遇敵時不可拿架，拿架容易滯，就難以變化流動了。

(5)純潔性：

流水不腐，其質最純，練習太極拳時要儘量不生雜念，站樁時更要不受外界影響。

對敵時，心中只有對手動作，而無對手，空即是有，有還要空，說空實有，有就沒空，空了才能感到對手來力的本質，不受虛假的動作蒙蔽，直接找到對手的弱點。高手對敵往往一瞬間勝負已分便是如此。

(6)矛盾性：

「天下莫柔弱於水，而攻堅強者莫之能勝，以其無以易之。弱之勝強，柔之勝剛，天下莫不知，莫能行。」柔，既是水的法則，又是力的象徵。柔並不是「懦弱」，而是真正意義上的強大。

水具有柔的本性，水滴石穿是說柔能勝剛，卻要花費時間，但當石頭落入滾滾急流中，隨水翻滾而下，石裂山崩而水卻完好無損，這時的水又是劇烈的，是令人畏懼的。所以水是矛盾的，它是陰柔的，可需要時也是陽剛的。

太極拳如水，既能陰柔無形，亦能如海中之巨浪翻滾，如江河中洪水奔騰，其既有源源不斷的丹田內勁，心意的波瀾不驚，身步的變換輕靈；又有迂廻曲折之本能，隨機應變，避實擊虛，無孔不鑽，化打合一。

《以心悟道練太極》講究意足而形鬆，陰在其外，陽藏其中。我師父說；「有陰無陽是軟手，有陽無陰是硬手，陰陽變換是高手。」太極拳技擊之術是水勝之術，也是陰陽相諧之術。

(7)三態性：

水，散則成氣，聚而成冰。太極拳在練習時要求先肢體柔順（求柔），而後散於四梢（求鬆），而後發力時氣聚神凝（求整）。

太極拳技擊較量如遇太極拳高手，當以水制水，因勢利導，順其來勢，破其重心，根基安穩。當其來力，小、緩、慢、可封堵，但不能全力封堵，要兼顧各處，不能斷勁，不能有空隙，讓對手力滲透進來。

對手意動明顯，力長，可用截水之法，力出一半而截擊，控其中節，斷其勁，對準中斷點滲透進去。力大可引，力急可化，對手力往下沉，就發散如深淵，他如小河，我便似長江，他如瀑布，我便似深淵。

深思水與太極拳的共性，可以進一步深化太極拳的哲理。在教學和體悟太極拳時，能給我們很大的啟發。

下　部

心道太極拳體悟

〈散手篇〉

第一章　從太極拳推手到
　　　太極拳散手

　　太極推手是太極拳為了模擬實戰技擊的一種訓練手段。這種訓練手段可以讓練習者在不用護具的狀態下，透過雙方剛柔矛盾轉換的運動來感知自身及對手的陰陽變化，達到控制與反控制的目的，並檢驗太極拳的各種技法和原則在接近實戰情況下的運用。對太極推手的研究和訓練都要以實戰為目的，透過推手檢驗太極拳的知己和知彼功夫，提高近身搏鬥的能力。

　　太極拳拳架為體，技擊為用，太極拳推手是體用的過度階段。太極拳前輩所創推手的目的，是為了讓習練者對太極拳意念與形的運用得到檢驗，而不是為了推手而推手，如果認為一切太極理論都是為了推手而服務的話，就是本末倒置了。

　　在太極拳推手練習中，經常有學生問我，太極拳的招數動作可以在推手和散手中應用嗎？

　　我的回答是，你覺得可以用就可以用，你覺得不可以用就不可以用。你問出這個問題，就說明你的水準就是要用招數的水準，還沒有入道。但完全不用招法，就會意念上有，動作跟不上，這也不對。

　　正確的做法是要練習單式的運用，然後將其融入意念

中，變成潛意識，便可運用自然。

很多太極拳練習者一看有人用招數把自己打倒，他就說了，你這是小功夫，不是高層次的東西，問題是你都被低層次的放躺下了，那你不成了沒層次了。關鍵不是對手用不用招法，而是符不符合太極拳的拳理，運用的是不是自然。金庸先生在小說中寫太極拳要學會招數，然後忘記招數，應用時才能自然，心中不受拘泥。這種說法真是對太極拳的體用理解深刻。

我一直是主張技擊時要應物自然不需要用招式，但前提是要練習過，並練習的很好。有了之後才能空，而不是一直啥都沒有。

太極拳推手能否轉化成太極拳散手的標準就是控勁。以前看過一篇文章，題目忘了，上面說三大內家拳的運用，形意拳偏重於整打人，八卦掌偏重於閃打人，太極拳偏重於黏打人。

我覺得雖然不全面，但如果只用一句話概括的話，其說的還是有道理的。不是說太極拳不重視整，但黏打對太極拳來說太重要了。

張義敬前輩曾經提到太極八法：掤、捋、擠、按、採、挒、肘、靠是黏勁運用的表現形式，這種觀點我深表贊同，我對黏的理解就是控制，控制對手的勁，控制對手的重心，讓他不舒服，讓他背勢。我順他背，我舒服他不舒服，我重心穩他不穩，我能打他，他打不了我，這時對手完全在我控制下，這就是黏制，也就是控勁。

在實戰中，只要有一瞬間黏住對手，就可以打了，不

用黏得太久，因為實戰中變化很快，未必像在推手中透過壓迫，能找到更好的點，在這一瞬間只要感覺自己是安全的，黏住勁了，就要進行黏打。如何黏打，後面散手說。

能否黏制住對手，關鍵在於聽勁。要用心意來感知對手來力的方向、快慢、長短、大小、曲直，要順人之力，讓其落空，才能判斷出對手的力源，進而控制其重心。聽勁的進步，在於用心感知，用意滲透，進而控制對手。心道太極拳推手講究控肢體為下、控路線為中、控意氣為上。

太極拳推手練習是太極拳散手實戰的基礎，沒有太極推手的各種練習，是練不出「人不知我，我獨知人，英雄之所向無敵矣」的上乘太極拳實戰功夫的。

那麼，太極推手練到什麼水準可以進行太極拳散手訓練呢？我認為達到兩個層次的太極推手的練習者可以進行太極拳散手練習。

一是聽勁有一定水準，能運用黏勁控制對手，在推手時，透過接觸點，能判斷對手的重心，發放時意念和動作能做到統一，發勁果斷乾脆，不拖泥帶水。

二是已經達到無形無相、無跡可尋、全身透空、應物自然的高深境界了。

太極推手到達的水準決定太極拳散手的水準，但太極推手的水準不等於太極拳散手實戰的水準。有很多太極拳推手水準很高的練習者，沒經過太極拳散手的訓練，一實戰就發現平時練的就完全忘了，不知怎麼打了。

所以，不論太極拳推手達到了什麼高度，也要進行太

極拳散手練習。

　　散手，就是實戰搏擊的組成部分，因為是徒手搏鬥，所以稱為散手。太極拳的實戰搏擊應從散手開始練習，因為在技術上太極散手是在太極推手的基礎上形成的。

　　那麼，哪些太極推手的形態在太極散手實戰的應用中能充分發揮作用呢？我認為還是聽勁和黏勁，也就是知彼及控制。

　　聽勁和黏勁要想在變化更加快速和兇狠的搏鬥中運用，就要比太極推手中的運用有更高的要求，因為實戰搏鬥是生死之爭，沒人會擺在那讓你慢慢聽。我認為聽勁和黏勁在太極散手中主要做到兩點就可以達到目的了。

1.控制對手意念（斷意）

　　太極推手的聽勁和黏勁主要是由接觸點，來判斷和控制對手，我們知道心起意然後經由意念來指揮肢體作出動作，在太極推手的中後期，我們由接觸點來感知對手心意的變化，並據此來判斷對手肢體的動作。

　　但在散手的初始階段，我們無法從接觸點來獲得需要的資訊，有人說可以由接手一瞬間的毫毛來感知，其實還是太極推手的要求，因為我們想接手，對手想擊打，這時有這個接手的念頭，都是危險的。

　　正確的做法是應該與對手的心意相接，由意念來感知對手的意，進而做出判斷。

　　除了聽對手的意外，我們還要去黏對手的意，也就是控制對手的意，讓對手的意，吐不乾淨，我的意念永遠根

據對手的意念變化，而對手如果不變化又會被我的意念困住，意念變小，難以對肢體傳遞出資訊。

上面說的其實很難被初學太極拳散手和推手聽勁還沒達到毫毛勁的練習者所理解。

舉一例子好了，我曾碰到一位外家拳練習者，他當時對我說：「劉老師，你天天講意念，我扔地上一百塊錢，你能用意念給我撿起來嗎？」我說不行，我不是變魔術的，我做不到。他就說：「那你天天練心練意有啥用呢？」我當時見有很多拳友在場，也是一時好勝（還是修為不夠啊），就說：「聽說你的拳速快，我們試一試，我可以讓你一拳也打不完。」

他當然不信，我們一動手，他就發現，只要一想用拳打我，我的拳頭肯定在他鼻子前等著，不論他如何變步子和身法，我的拳頭始終在他面前跟隨著他。

試完手後，他感覺很羞愧，挺大的人臉都紅了。旁邊的人笑道：「你老說自己手快，今天碰到比你快的了吧。」我說不是我的手快，是我的意看住他的意了，他不敢出拳亂動，空間愈來愈小，我後面只要看住他的中就行了，不用多少肢體的變化，當然就感覺我比他快了。

這個例子不是說外家拳或是那位拳友的功夫不行，沒有貶低的意思，只是想讓大家明白控制對手意念（斷意）在實戰中的重要性。

2.形成勢（控勁）

這裡說的形成勢不是間架，而是在與對手近身搏鬥

時，要形成太極拳的得勢狀態。在瞬息萬變的搏鬥中，我們的肢體難免會與對手的肢體相接觸，這種接觸的時間非常短，這就對要求在瞬間的聽點和陰陽變點的時機把握上要準確，利用聽點來判斷，用變點來控制對手的後續勁，形成經常練習的太極推手的黏制狀態。

形成控勁的狀態，對時機把握上的要求是很高的，不能後退躲閃對手的來力，採用迎擊和側擊的戰術，封堵對手，一旦接觸上了，馬上卸力變點，控制對手重心，黏上對手，不給對手變勁的機會。

控勁不需要太長時間，這不是推手，不要想著推對手，也不需要將其發放出去，要充分利用黏住對手勁的一瞬間，發出短勁，對其猛擊，但不能將其擊打出去，而要不斷控制對手的重心，讓對手沒有空間組合攻勢，不斷被動挨打，我應在控制對手的情況下，連續攻擊，讓其徹底喪失抵抗能力。這才是太極拳的控勁打法。

太極推手就是訓練自身及對手的陰陽轉換能力，調整和控制重心的平衡，從剛學習太極推手時的頂、丟，到後來的不丟不頂，從剛開始的局部力量到後來的內外相合，輕靈均整，這就逐漸由太極推手向太極拳散手過度了。

太極拳透過拳架、站樁、單式、推手練出的知己知人功夫，在太極拳散手中將得到更大的發揮。

第二章 心道太極拳散手訓練

太極拳在進入實戰前，先要進行必要的訓練，這時的訓練是在太極拳推手的基礎上，針對散手實戰進行的技戰術、體能心理等方面的訓練。

這種訓練既要適合街頭防身自衛的搏鬥，也可用作擂臺上的散打競技。

第一節 太極拳散手中的拳法訓練

所有拳術都注重拳在實戰中的作用，太極拳也不例外。太極拳把拳打稱為捶，在拳架中演示了各種各樣的打法，到了練習太極拳散手時，對拳的打法要求簡單化，迅捷化。在練習初期可以按太極拳的陰陽轉化和爭力原則進行慢動訓練，以求均整，然後逐漸加快練習速度。

開始時可以定步練習，後期要配合身法、步法和腳法進行活步練習。

「心道太極拳」的拳打，在運用時動作和其他技擊術相差不大，因為太極拳理博大精深，各門各派的招數拿過來按太極拳的技擊原則進行改良，便皆可運用。為提高教學效果，化繁為簡，以現代散打中最常見的直拳、擺拳、勾拳及傳統武術的栽拳、削掌為例，按照太極拳的技術原理，來進行實戰中拳法訓練。要注意的是，動作上雖有相似之處，但內在聯繫則完全不同。

1. 直　拳

直拳是各種技擊術在實戰時運用比較多的方式。太極拳的直拳是一種接近直線的弧形運動，要求在渾圓狀態下的圓內進行。在技擊樁的間架下，從手開始的位置到目標點，不能有回收的動作，要在兩點之間運動。不論是慢練還是快練，力都要起於足，藉助腰部的微轉催動到拳面。兩臂要形成對拉，前後力相等，一拳擊出時，另一拳要回撤防守，距離要求與攻擊距離相等。擊打前，兩手要適度放鬆，到達目標的瞬間才握緊。

太極拳的直拳攻擊路線不能長，越短發力越強，訓練時要以發寸勁為主，兩肘彎曲的弧度大於90度，最大不超過180度，以前腳尖為界限，注意形不破體，力不出尖。

要注意發力的整體性，出拳時要與相應的腰胯腳相合。在擊打後要有整體彈性，打完就放鬆，回撤時靠彈性原路返回，要保持而不能破壞原來的間架。

定步練習時要注意兩腳間的虛實轉換，周身要儘量放鬆，到落點時要積柔成剛，體會太極拳的剛柔關係。

2. 擺　拳

太極拳的擺拳是沿間架圓的邊沿進行的橫向圓弧擊打動作。在技擊樁的間架下，擊出的拳沿圓的邊沿向對手側面進攻，另一隻手對應裡合，形成左右相爭。從手開始的位置到目標點，不能有回收的動作，要在兩點之間運動。不論是慢練還是快練，力都要起於足，藉助腰部的微轉催

動到拳面。擊打時動作不能過大，以自己的中線為準，拳面不能超過中線，以免露出空隙。擊打前，兩手要適度放鬆，到達目標的瞬間才握緊。

訓練時要以發寸勁為主，兩肘彎曲的弧度大於90度，最大不超過180度，注意形不破體，力不出尖。

擺拳的進攻路線長於直拳，容易被對手截斷。練習時要形成揮浪狀態，一波未完，一波又起，循環往復，攻守兼備。

要注意發力的整體性，出拳時要與相應的腰胯腳相合。在擊打後要有整體彈性，打完就放鬆，回撤時靠彈性原路返回，要保持而不能破壞原來的間架。

定步練習時要注意兩腳間的虛實轉換，周身要儘量放鬆，到落點時要積柔成剛，體會太極拳的剛柔關係。

3.勾　拳

太極拳的勾拳是沿間架圓的邊沿進行的由下向上的圓弧擊打動作。在技擊樁的間架下，力還是由腳發出，擊出的拳與腰胯相合，由下向上擊打，腰胯空間動多少，拳打出的距離就多少，拳勁要藏在腰裡，腰胯發力時也千萬不要頂，要形成彈性力，擊打完就放鬆收回，恢復原狀。

擊出的拳以自己為參照物，不能超過自己的下巴，另一隻手與擊出的手形成上下相爭的狀態，距離和作用力都要相等。

雙拳轉換時要注意相合相爭，不留空隙死角。定步練習時要注意兩腳間的虛實轉換，周身要儘量放鬆，到落點

時要積柔成剛，體會太極拳的剛柔關係。

4.栽　拳

太極拳的栽拳是沿間架圓的邊沿進行的由上向斜下方的圓弧擊打動作。發力時要藉助體重鬆打栽實，「打人如釘釘」。

在技擊樁的間架下，擊打時兩肘彎曲度要成90度角，如左拳擊出，方向為右腳下，右手斜向上挑，形成上下左右相爭；右拳擊出，要向左腳下發力。左手斜向上挑，形成上下左右相爭。

擊出的拳以自己的腹部為界限，不能超過，上挑的手以守護相對應的臉部為宜。擊打前，兩手要適度放鬆，到達目標的瞬間才握緊。

雙拳轉換時要注意相合相爭，不留空隙死角。定步練習時要注意兩腳間的虛實轉換，周身要儘量放鬆，到落點時要積柔成剛，體會太極拳的剛柔關係。

5.削　掌

太極拳的削掌是沿間架圓的邊沿進行由裡向外橫向揮動的擊打動作。削掌是以掌鋒（或稱手刀）向對手斜上位進擊，掌心向下，應用時，力點為小指根部至小臂外側。

在技擊樁的間架下，如左手應用時，應先向身體右側隨腰微扭動，然後以腳發力，腰胯的扭動帶動左手臂向外斜上方揮動擊出。同時右手應隨腰擺動至左側，守護臉部。右掌應用時亦然，只方向不同。

應用時雙手相爭，周身各部位相合相爭。練習時以身體腳的邊緣為界限，形不破體，力不出尖。

削掌儘量進行活步練習。應用時，敵進我斜上步而進，搶偏擊中。

太極拳的拳法練習，心意應以技擊為主，練習時，精神假借與敵生死相搏，擊必中，發必達，豎立必勝的信心，心念放鬆，意氣充足，周身開合自如，相爭相合，心身合一，心念一起，身上就要做到，上擊、下砸、前打、後撞盡在太極圓中。出是打，收也是打，上下左右前後，八方六面圓轉自然，因敵而變，應敵而擊，練以致用，學者自知。

第二節　太極拳散手中的腿法訓練

太極拳散手中的實用腿法，沿襲了傳統武術講究的「好腿不過膝」的打法，以進擊中的低腿和暗腿為主。武術中有「抬腿半邊空」的說法，所以，在運用太極拳腿法時要注意時機的把握和自身重心的穩固，在出前面腿攻擊時，身子不能後仰，後面腿攻擊時身子不能前俯，而要有相反之意，抬腳必下沉，這樣才能增加隱蔽性。

下面就兩種常用的腿法進行介紹。

1.鏟踩腳

來源於拳架裡的鏟步。在進擊中要有往下的踩擊，心意要重、快、狠、準。要由上往下猶如踩腳踩踏，傷其腳面腳踝。在實戰中利於近戰，手攻上，腳擊下，以心意控

制其形，以手亂其勢，暗發鑱踤，以後腳跟為力點，由上往斜下猛擊對手腳部，造成對手腳部疼痛，難以維持平衡，然後以拳法猛擊對手。在遇危及生命的歹徒時，應猛攻其腳趾，置其斷傷，交流時應慎用。

在練習中，應注意拳架中的虛靈頂勁，出擊而不露形，抬腳而身不動。

2.穿襠腳

穿襠腳在傳統武術的實戰腿法中佔有很高地位，歷來為拳家所重，不肯輕傳。

【動作】

攻擊的腳抬踢時，要通過或靠近另一條腿的膝下向前，由中線向對手下陰、膝蓋、小腿等部位猛踢。

在實戰中利於近戰，手攻上，腳擊下，以心意控制其形，以手亂其勢，意力合於一點，貫力於腳，出暗腿攻擊，要求發力要快，動作要狠，中骨骨斷，中陰人亡。

穿襠腳要有三角步法的配合運用，還要有周身一家的上乘太極功夫為基礎，才能運用自如。

第三節　太極拳散手中的身法訓練

太極拳的身法，其實就是拳論中的一句話「立如平準，活似車輪」。「平準」的意思就是調整平衡，運用到太極拳散手中，就是要根據外界情況調整自己的身體平衡，時刻保持自己的重心穩定。

我們在練習拳架中，基本上已經可以做到立身中正，

但在擊打發力時，能不能做到像在練習拳架時一樣呢？

以前有學生問我，拳譜上說發力要專注一方，那就很難保持身體的中正了啊，他是忘了拳譜上發力專注一方的先決條件是八面支撐，在實戰搏鬥時也要做到重心要穩，腳下有根。「活似車輪」是我們在實戰前重點要訓練的，身體各部位十八球旋轉要靈活，如腰要活，肩要活，腿要活，各個關節要活，在運用時配合步法，轉折如意，變點自然，沒有滯的感覺。

把拳架中的一些動作拿出來單練身法的靈活，如陳式太極拳的閃通背（我練習此式時老師要求每天100次翻身不停）、心道太極拳十九式的黑虎搜山、龍游四海、意拳的神龜出水（左右式練習收穫巨大）、形意拳的鷂子翻身等。

第四節　太極拳散手中的步法訓練

內家武術對步法最為看重，有「教拳不教步，教步打師父」的說法。太極拳步法練習種類很多，就實戰功用而言，現介紹兩種實用步法的練習，在練習中要遵循由鬆而輕、輕而至靈、靈而至活、活可莫測的太極拳步法原則。

活是隨心所欲的體現，步活才能變化自如，快捷迅速。實戰步法重於快，太極拳步法的快，是以鬆、輕、靈、活為先的。

自己與對手的遠近，攻擊角度的變換，位置的移動，空間的判斷，控制對手的先機，忽至突發，攻其不備，這些搏鬥中的關鍵均與步法的訓練和運用密切相關。

1.摩擦步

摩擦步是中國武術內家拳步法訓練的基礎功。訓練是要由慢到快，經過慢動、勻速動、快速動的階段。

【動作】

按太極拳要求站定，兩手臂背於身後，兩拳虛握，拳背置於兩腰腎處，含胸坐胯，意氣下沉，左腳向左前方邁小半步，身體向左腳尖方向略轉，目視前方。左腳平踏，重心略前移，為前三後七，頭向上領勁，兩腿微屈，周身放鬆。

然後緩慢的向前移動重心，當兩腿承重達到五五時，身體及右腳前腳掌微微左移，身體重心繼續向左腳移動，待重心完全到左腳時，右腳緩慢抬起，不可太高，與地面仍有微小摩擦感，腳腕猶如掛物，開始方向為左方，經過左腳裡側時，以左腳維持重心，身體向右微轉，右腳變為向右前方進小半步。

按上述動作反覆練習，每次訓練應以10至15分鐘為宜。

【要點】

腳掌要平起平落，平行送重心，後腳不要猛蹬地。腳抬起的高度也可適當提高，但距地面的高度不要超過3寸。抬腳時身體意氣更要下沉，進步時身體應有向後的意念，不能向前傾。意念要有踏雪趟泥之感，守丹處靜，慢快都以自然為先。

摩擦步是讓練習者習慣以整體帶動局部，在運動中不

留明顯的機會給對方，雖不能直接運用於搏鬥，卻是實戰前不可缺少的基礎。

2.三角步

三角步因其腳步的進退移位的路線均為斜向連接而得名，為內家拳應用步法，在技擊上具有極高的實用價值。三角步為快動步法，在練習和應用中可配以身法、拳法、腿法、肘擊等技術。

【準備勢】

左腳向左前方上一步，兩腳間距比肩略寬，左腳掌略向左外側。右腳掌隨左腳掌向內轉動，幅度與左腳掌相同，與右膝蓋方向一致。身體隨左腳向左側扭轉，頭部也隨身體向左，眼睛看左腳尖所指的方向。

此時左腿在前，膝部微屈，向前有頂勁，切不可塌膝。右腿在後，膝關節彎曲度大於前腿，微微有內扣之意。坐胯，命門後頂，溜臀，頭正項直、下顎微收、含胸拔背。前後腿重心為後七前三。兩手臂亦隨身體轉動，左手臂在前，右手臂在後，前手掌心向內，與頭部高度一致，肘關節彎曲大於90度，沉肩墜肘，肘要低於手。後手臂向內環抱，手掌心對準右胸前方，肘關節彎曲小於90度，沉肩墜肘，肘要低於手。十指自然分開，微向內屈，掌心含虛。兩腋下含虛，雙臂如抱球狀。

【動作】

左腳向左前方邁進一步，同時右腳隨後跟進一步，左腳在前，右腳在後，兩腳相距約準備勢的一半，身子為左

肩在前，右肩在後，手臂形狀不變。

站穩後，重心迅速前移至左腳，右腳為腳掌著地，腳跟虛空，然後身體向右前斜轉，同時右腳向右前方邁出一步，左腳亦隨之跟進，變為右腳在前，左腳在後，肩手變為右前左後，手臂形狀仍保持渾圓。

按上述動作兩邊反覆交替練習，要保持進步必跟，退步必隨的理念，在三角斜邊的狀態下，左右、進退自如。

【要點】

前腳不論進退橫走，後腳都要迅速跟隨，保持周身一體。在快速運動時，跟隨的腳都要前腳掌著地，以免重心不穩，定式後再調整重心，配以擊打時，亦要如此。

步法的變化要隨外在而變，應用時角度距離都要判斷清楚，練到進退自如時，即知「步無定位方得法，進退之奧變中求」的奧妙。

第五節　太極拳散手應用的綜合訓練

太極拳各種應用技術如：拳法、腿法、步法、身法、肘擊、控摔等都是太極拳散手的重要組成部分，由於長期以來太極拳在練習中太過強調推手的練習，忽略了這些技法的綜合應用訓練，嚴重影響了太極拳運動的全面發展。

太極拳散手的綜合對抗訓練是在推手聽勁的基礎上，運用太極拳的整體和速度優勢，在實戰過程中控制對抗節奏，加強打擊效果，感知對手「勁路」，從而有效的捕捉戰機，隨時表現出「穩、準、狠」的技擊特點。同時對自身防衛嚴密，不讓對手有機可乘而立於不敗之地。

我是反對招數制勝論的，你怎麼來，我用什麼招數對付，這是不現實的，是沒有實戰過的人臆想出來的，但在確保安全的訓練中加入近似實戰的技術練習，對我們提高太極散手的實戰能力是有好處的。要知道，在激烈的技擊對抗中，形式瞬息萬變，在如此不確定的技擊環境中，能否準確運用太極拳的「聽勁」和「黏制」的特點，來控制對手的「勁路」，利用各種太極拳技術使對手失去操控重心和作戰的能力，並能穩定自身的重心不被對手破壞，這些都需要我們在訓練中加以重視。

下面試舉幾個例子，可作為散手拆招的訓練方式。

1.鏟踩腳雙人練習法

【動作】

甲、乙雙方呈格鬥式，（深色衣服者為甲、淺色衣服者為乙，下同）（太極擊法圖1），乙方以後手右直拳猛擊甲方面門，甲方迅速以雙手封黏其手臂，同時抬前腳踩蹬乙方前腿膝蓋處或腳面。（太極擊法圖2）

【要點】

甲方精神集中，在乙方出拳的一剎那判斷準確，接手後沾黏勁要足，右手控其碗，左手控其肘，成捋帶之勢，乙重心前傾必想後撤，甲趁勢踩蹬要狠，達到一擊取勝。

【說明】

低腿技法，其好處在於靈活性和隱蔽性高，攻防兼備，對自身的保護和重心穩定均有利。主動用腿時，應以手腿並用，實戰時不給對手出拳的機會。

太極擊法圖1

太極擊法圖2

2.肘擊跟步的雙人練習

【動作】

甲、乙雙方呈格鬥式（太極擊法圖3），乙方以後手右擺拳猛擊甲方頭部，甲方前腳踏上一步，後腳跟步，左拳向上迎擊乙方右拳（太極擊法圖4），同時鬆左胯轉腰，以右肘猛掃乙方頭部（太極擊法圖5）。

【要點】

當乙方右擺拳擊來時，甲方要掌握時機，果斷迎敵出擊，使其招法不能盡展，這就是太極拳提前控制對手的「勁路」。右掃肘要狠，以腰為軸發力，掃肘的高度不低於自己肩部，以防對手的左手攻擊。兩人手臂的接觸點，在接觸的一瞬間要有旋轉，以變點卸力為主。

太極擊法圖3

太極擊法圖4

太極擊法圖5

【說明】

封閉對手的「勁路」，是太極拳主動進攻的典型打法。在運用迎擊戰術時，注意不可硬攔硬架，而是要改變對手發力的方向和路線，使其露出空隙趁虛而入。實戰中肘要能連擊，訓練中可以進行左右三肘的連環擊法。

3.栽拳配合身法練習

【動作】

甲、乙雙方呈格鬥式（太極擊法圖6），乙方突然上步，以左前刺拳擊打甲方面部，甲方迅速束身上步，以右手掩其左拳背，同時左拳猛擊乙方腋下（太極擊法圖7）。

【要點】

甲方束身上步出拳發力要一氣呵成，整體運動。在左

太極擊法圖6

太極擊法圖7

拳擊出時右拳要回收防守，以防乙方突然變勢。

【說明】

　　甲方遵守「敵不動，我不動，我意在敵先；敵微動，我先動，我意亦在敵先」的內家技擊原則，在明知對手前刺拳殺傷力不大，而後手拳蓄勁待發的情況下，果斷採取置敵主攻處於不顧，主動打擊對手弱點，體現太極拳「逢實擊虛」的戰術。

4.削掌配合身法步法練習

【動作】

　　甲、乙雙方呈左格鬥式，甲方手臂放鬆避免僵硬（太極擊法圖8），乙方以右前刺拳擊打甲方頭部，甲方在乙

太極擊法圖8

方出拳同時右腳上步踏進乙方兩腳之間，閃身讓過乙方右拳，同時以左手拍擊乙方右臂，使其重心前傾，同時身法「寓正於斜」以右掌根拍擊乙方右耳根處（太極擊法圖9）。

【要點】

甲方要掌握好上步的時間差，位置要上在乙方兩腳之間。「腳踏中門奪地位」，使乙方步法、拳路無空間施展，被甲方控制。

【說明】

甲方熟練運用「守中用中」的技擊原則，控制對手的運動空間，化打合一，順敵之勢，一擊而勝。

太極擊法圖9

第六節　太極拳散手的摔法訓練

很多人看不起太極拳的快摔技術，認為是摔跤，容易造成頂牛，那是因為練習者身法、步法不全面，在對抗中不能快速變點，避實擊虛，陰陽轉換不靈活，發力拖泥帶水造成的。其實快摔在運用上要輕靈圓活，陰陽轉換與對手一致，借力順勢，無不體現太極拳以柔克剛的技擊原理。在太極推手和散手訓練中加以摔法的練習，對於太極拳技術的全面掌握是有必要的。

1.靠勁摔法

【動作】

甲、乙雙方以散手接觸或以散推方式搭手（靠勁摔法

圖1），甲方運用引進，以左手虛拿乙方右腕，以右手控制乙方右臂向裡採拿（靠勁摔法圖2），在乙方重心前傾後，甲方以後腿向前蹬地，以肩、肘部猛撞乙方側面，將其發放摔倒（靠勁摔法圖3）。

【要點】

甲方在引進時，周身須圓轉如意，將乙方手臂引長出尖時方可採拿。採拿時需發力將乙方身子帶歪，防其變式。

【說明】

此摔法深得太極拳原理「引進落空合即出」之妙。引進時示之以弱，故意露出破綻使敵冒進，靠勁時借力打力，趁乙方重心前傾急於向後平衡身體的時間差，瞬間發力將敵擊倒。

靠勁摔法圖1

靠勁摔法圖2

靠勁摔法圖3

2.捋勁摔法

【動作】

甲、乙雙方以散推方式搭手後，甲方迅速向乙方中線搶進，左腳踏進乙方兩腳中間，左手虛搭于乙方右肩，右手輕拿乙方左臂（捋勁摔法圖1），甲方以直勁向乙方進逼，待乙方注意力集中直勁而用拙力硬頂時，甲方迅速放鬆左胯，向左側方發一橫勁，同時以左膝蓋發抖勁猛扣乙方左膝蓋，使其失去重心而跌倒（捋勁摔法圖2）。

【要點】

甲方要先以掤勁把乙方拙力逼出來，鬆胯、轉腰、發勁要完整一致。

捋勁摔法圖1

捌勁摔法圖2

【說明】

　　此招為典型的太極拳「閃戰」用法。在使用捌勁前先將對手的頂勁引出，然後變直勁為橫勁，突然放鬆使對手失去支撐點，周身僵硬而被動。

3.採勁摔法

【動作】

　　甲、乙雙方以散手接觸或以散推方式搭手（採勁摔法圖1），甲方運用黏勁將乙方左右手引化分開後，迅速上左步以套封步法，封住乙方右腳（採勁摔法圖2），甲方以左手迅速劃到乙方右腋下，套住乙方右臂，以兩手控制乙方一手的方式，轉腰將乙方向左側摔倒（採勁摔法圖3）。

採勁摔法圖1

採勁摔法圖2

採勁摔法圖3

【要點】

甲方上步時隱蔽性要高，逢壓力方可進步，手法與步法要協調一至。在甲方放開乙方右臂時，要以肩肘部分接觸乙方右手，防止乙方擊打。

【說明】

在使用採勁制敵時，要採拿、快摔並用。

4.換位摔法

【動作】

甲、乙雙方以散手接觸，甲方以右手封住乙方右拳（換位摔法圖1），甲方右手有上托乙方右拳之意，在乙方右拳向上翹高之際，甲方趁勢迅速上左步，伸長左臂控

換位摔法圖1

制乙方腰部，並以右手封堵乙方左小臂（換位摔法圖2），甲方繼續束身跟步從乙方腋下鑽過（換位摔法圖3），甲方利用轉腰摜性使乙方失去支撐點而摔倒（換位摔法圖4）。

【要點】

甲方上步束身果斷，換位轉腰鑽過迅速，步法運用熟練，貼身而進，在快速運動中要保持自身的平衡。

【說明】

太極拳中有「沉、托、封、閉、提、頓、吞、吐」的技擊要求，換位摔法在運用時便採用了「沉、托、封、閉」的用法，使對手有力無處使，處處憋力。這種摔法一般用來對付身材比較高大的對手其效果較好。

換位摔法圖2

換位摔法圖3

換位摔法圖4

5.拋摔法

【動作】

甲、乙雙方以散推方式搭手（拋摔法圖1），甲方以採肘手法向外採拉乙方前手臂（拋摔法圖2），同時以三角扣步轉至乙方身後，控制乙方左肩及右手臂（對手如高大，也可控制其腰）（拋摔法圖3），利用慣性拋弧線旋腰將乙方拋出摔倒（拋摔法圖4）。

【要點】

甲方一定要將乙方採拉成身體側對自己中線的有利位置，使其重心不穩。在轉向乙方身後時，步法要穩定輕靈；轉到後，重心下沉，以腰為主宰。

抛摔法圖1

抛摔法圖2

拋摔法圖3

拋摔法圖4

【說明】

　　聲東擊西，指南打北，引敵注意力在前，忽擊其後，這是太極拳的「騰挪」用法。

第三章　心道太極拳散手訴要

第一節　以心意為先

心道太極拳散手的要訣就是「我心不動，隨機而行」。心不動，才能不被假象所迷惑，才能靜下來體察自身和對手，才能不錯過最佳的機會。

心靜是散手聽勁的原則，在實戰中沉著冷靜，不能出現畏懼、慌亂、緊張的情緒。在精神上要高度集中，而肢體上又要放鬆。

對太極拳是後發制人的說法，我是這樣理解的。在對手心裡想要發，信號還沒傳遞到肢體的時候，練太極拳的心就應該感應到對手的意動了，並能做出正確的判斷，肢體下意識的就要做出控制對手的動作了，所以太極拳散手中，外面看到的經常是練太極拳的反到先出手。對手先動的是意，而我心靜則聽勁靈敏，意凝則控意，體鬆則變速，所以後發卻能先至。

散手中心理素質也要過關。過什麼關？生死觀。街頭實戰，自衛搏殺無所不用其極，保護親人，制伏歹徒，無不可用之術。

交手前，心要靜，觀察環境聽勁控意尋機會；動手後，心要狠，一旦得勢跟進猛打不留情。

心道太極拳在遇敵時，要「示之以弱，逞之以強」。

在形體外觀上，要呆若木雞，給對手造成輕視感，一旦得機，迅雷不及掩耳，將敵重創，失去繼續搏鬥的能力。

心道太極拳在與同道切磋或上場散手比賽時，要「外示安逸，內固精神」。肢體外形上放鬆，似輕視對手，實則處處體察對手，能因機而動、因勢而變、敵有所念，即有所感。

心道太極拳在對手持器械的歹徒時，要「心靜膽正，意重勁足」。心靜則不懼，不懼則放鬆，放鬆可發揮技術，自然協調。膽正則有威，震懾對手，使其不敢輕易出手。意重則手辣，生死一線之際，你死我亡之間，當場不讓步，舉手不留情。勁足則重手，要招招出重手，處處有殺機，迎敵而上，拉近距離，控一點制全身，避敵器械，擊其中線。（空手入白刃，焦點不在白刃而在敵之要害）

第二節　間架結構

太極拳常說：「打人不拿架，拿架不打人」，這裡說的拿架指的是「死架勢」。記得小時候和師兄弟們練散手時，經常擺個武打電影中的姿勢，那時老師老是笑我：「你們看他老是拉個挨打的架子」。這種「死架子」往往肌肉緊張，不利於變化。

太極拳的間架是周身內外的運動配合，簡單來說就是方便進攻，利於防守的態勢。我們前面講的技擊樁是很好的格鬥警戒式，渾圓運用的好周身會形成一個遮罩氣團，氣勢渾厚，下盤沉穩，又靈敏矯健。

在實戰搏鬥中，雙方的動作是不斷在變化中的，但基

本的間架是不變地，如：身、手、步的空間位置和身體各部位之間相對應的角度。動作變化時也要保持均整合勁，對敵的身體各部位的位置、距離的間架是不變的。

在進攻和防守時都應保證間架的不散，這樣能保證進攻時對自身的防護，可立於不敗之地；防守中能隨時反擊，化中有打，打化合一。

太極拳散手的間架結構要想做到攻守兼備，並能在運動中隨對手的來勢、意念不斷能做出調整，就需要與步法進行長期的配合訓練，形成手、身、步的空間協調本能，達到「手到腳到身也到，打人如同開玩笑」的間架要求（步法、身法、拳法協調一致），這時間架在太極拳的散手應用中才能發揮效果。

第三節　戰術原則

《以心悟道練太極》的散手戰術三原則是：（一）我心不動，隨機而行。（二）控勁斷意，後發先至。（三）守中用中，控勢追擊。對前兩點說的比較多了，下面重點說說「守中用中，控勢追擊」。

守中用中是防護好自己的中線的同時，打擊的目標點也要選擇對手的中線位置。在散手中擊打的目標首選頭部，鼻下人中對疼痛最為敏感，眼最為薄弱，攻敵之必防，頭部遭到重擊會產生短暫的眩暈，這時對手的反應能力下降，正是連續進擊的機會。

正面進擊時，對手頭部的中央至上而下的垂直線就是對手的中線，進攻點包括頭頂、眼睛、人中、喉嚨、胸

口、腹部、下陰等。

我們在推手中知道控制對手中線的重要性，在散手中同樣重要，對敵時，要「腳踏中門奪地位」，破其重心，攻其中線，手打、頭撞、肘擊、膝頂、肩靠、足踏連環運用。

側方進擊時，進攻點包括太陽穴、耳根、腋下兩肋、側腹部、胯關節、腿側關節等。對手的中線一般與重心線相近，得機得勢時，均應重擊使敵失重摔倒。

雙方在散手中都是運動的，需要在移動變位的瞬間來判斷守中用中，無論守中還是用中，都是為了進擊（化中有進，化打合一），要配合間架和步法、身法、手法來選擇方位。無論正面進擊還是側面進擊，都要選取進攻的路線。

進攻的路線分為直線和斜線，直線是直來直去，迅捷快速，以進退步為基礎（孫式太極拳的進步必跟，退步必隨的步法，我認為最利於實戰直線進擊），直取對手中線，可控可發。斜線以三角步方式偏鋒側進、貼身而入，要出其不意，攻其不備，斜進而正擊，三角效應，似偏實穩，似危實安。

控勢追擊是在控勁斷意的基礎上，完全得機得勢，對手重心不穩，無法組織有效反擊的情況下，繼續運用黏勁控制對手，不要輕易發放對手，而應搶進其中線，一邊黏著對手，一邊用短勁擊打，要得理不讓人，下手毫不留情，意透敵體，使其徹底喪失反擊能力。

心道太極拳散手，要在拳架和推手階段便開始培養搏

鬥的意識，養成防身技擊的下意識，搏鬥時，只要對手意識動作稍有舉動，便要控其勢，借其力，斷其勁，擊其體，達到克敵制勝的目的。

當然，太極拳練到天人合一，應物自然的高深地步時，道法自然，也就無所謂散手不散手了。

正是：

　　拳技體用不為難，欲破天機需口傳。

　　若不認真辯意理，技擊實戰必輸拳。

　　浩氣長存丹田內，精神運化宇宙間。

　　身從局部求整體，體自鬆中盼自然。

〈附錄1〉

太極拳的起源與發展

劉駿濤於 2006 年

太極者，無極而生，陰陽之母也！

無極是一種空洞混濁的狀態，在這種狀態下，陰陽具可包容，由無極而至有極的過程是陰陽分開的過程，這個過程的動靜開合，也就是太極。太極圖中陰中有陽，陽內含陰，陰陽互換，生生不息，太極拳就是借鑒於此，取法於陰陽動靜之理，盈虛消長之機，附以武術技巧而逐漸發展起來的。它與憑藉外力制敵的外家拳種不同，是一種養練結合的內家拳！

關於太極拳的起源和創始人，一直是眾說紛紜，莫衷一是，大致有唐朝許宣平創拳說；宋朝張三豐創拳說；明朝張三豐創拳說；王宗岳創拳說等眾多說法，其中以武史家唐豪先生考證的陳王庭創拳說流傳最廣，現對各主要說法略作介紹。

關於唐朝許宣平的太極功三十七勢的記載，見於宋遠橋所著的《宋氏家傳太極功源流及支派考》：許宣平，唐代江南徽州府人，隱城陽山，結篷南陽，辟穀，身長七尺六，鬚長至臍，髮長至足，行及奔馬，每負薪賣於市口，獨吟曰：「負薪朝出賣，濁酒日夕歸，借問家何處，穿雲

入翠微。」李白訪之不遇，題詩望仙橋而回。其所傳太極功，是受業於歡子，名三世七，因共三十七式而名之，又名長拳。

長拳者，因如長江大河，滔滔不絕，無間斷也，總名三十七勢。以之鍛鍊腰腿，舒展血脈，其鍛鍊之法為單式練習，一手練成再練一手，而所練之手，亦不固定次序，惟在練者自擇，自三十七勢逐一用成，則自然貫中，能呵成一氣，故又名長拳也！

張三豐創拳說：持此關點的近來頗多，張三豐的歷史也是傳說不一，據清代黃黎州所撰《王征南墓誌銘》載：少林以拳勇名天下，然主於搏人，人亦得而乘之，有所謂內家者，以靜制動，犯者應手即仆，故別於少林為內家，蓋起於張三豐。

據《明史》記載：張三豐，本名全一，又名君寶，字玄玄，三豐為其道號，遼東懿州（今遼寧彰武西南）人，生有異質，龜形鶴骨，大耳圓目，身高七尺，修髯如戟，寒暑一笠一衲，不修邊幅，所啖升斗輒盡，或數月一食，書過目不忘。流處無恒，或云一日千里。洪武初年，至蜀太和山，結庵玉虛宮，自行修練。洪武二十七年，復入武當山，與鄉人論經典，娓娓不倦。

一日在室讀經，有鵲在庭，其鳴如爭論，真人由窗視之，鵲在樹，注目下睹，地上有一長蛇，蟠結仰顧，少頃，鵲鳴自上而下，展翅相擊，長蛇採首微閃，躲過鵲翅，鵲自下復上，俄時性燥，又飛下翅擊，蛇亦蜿蜒，輕身閃過，仍著盤形。如是多次，真人出，鵲飛蛇走。真人

由此悟以柔克剛之理。因按太極變化而成太極拳，動靜消長，通於易理，故傳之久遠而功效愈著。

民國人唐豪，字範生，專門研究中國武術史，長達二三十年之久，考證周詳，曾於30年代親到陳家溝考查，經其分析研究，提出太極拳乃是明末清初，河南溫縣陳家溝陳氏九世陳王廷所創。陳氏家譜在其九世祖王廷旁注：「又名奏廷，明末武庠生，在山東稱名手，掃蕩群匪千餘人，陳氏拳手刀槍創始之人也。」天生豪傑，有戰大刀可考。

陳王廷依據明代將領戚繼光所傳《拳經》上的某些拳式，並以多年積累心得，結合導引術，以「纏絲動」這一精髓要求寓其中，寓陰陽動靜，方圓相生於渾然一體之中，而名之曰太極拳。此後，陳氏門中名手輩出，代有傳人。現在我國廣為流傳的陳、楊、吳、武、孫五大流派的太極拳，溯源都出自河南溫縣陳家溝。

楊式太極拳是我國太極拳主要流派之一，其創始人為楊露禪。楊福魁字露禪（1799～1872），河北省永年縣人，就學於陳氏十四世陳長興（1771～1853）。

返回永年縣以授拳為生，後北遊京城，設館授徒，由其族人武汝清之推薦任旗營武術教師，因武藝絕倫，被譽為「楊無敵」。楊露禪為適應當時環境需要逐步改易了原陳式太極拳中的如朝天蹬、七寸靠等高難動作。後又經其子楊班侯（1837～1892），楊健侯（1839～1917），孫楊澄甫（1883～1936），一再修訂，經楊氏三代人的努力，在陳長興所傳的基礎上逐漸演變為動作輕柔緩慢，速度均勻

的楊式太極拳，其架勢舒展大方，綿綿不斷，有如行雲流水，深為廣大學者所愛好。

滿族人全佑，從楊班侯學拳，盡得所學，全佑傳其子吳鑒泉（1870～1942），鑒泉拳架自始至終速度均勻，緊湊圓活而又舒展，逐漸形成了以柔化見長的吳式太極拳。

武禹襄（1812～1880），河北人，先學於楊露禪，又師從於陳氏十五世陳青萍，後創武式太極拳。其特點按起承開合節序編排運動要領，基本與其它太極拳各流派之立身中正，氣沉丹田，含胸拔背，鬆肩墜肘等要求相同。在步法上要求虛實分清而寓「騰挪」之意。武禹襄傳其甥李亦畬，李傳郝為真，郝深得武式之精髓，故亦有郝式太極拳之稱。

孫祿堂（1860～1930），河北完縣人，技擊名家，精形意拳，八卦掌，著有《形意拳學》、《拳意述真》，後師從郝為真，集三家精要於一爐，而創孫式太極拳。其動作進退相隨，架高步活，進步必跟，退步必隨，一進一退，一開一合，節序分明，亦稱開合太極拳。

綜上所述是現在流傳的五大宗派太極拳，雖然它們風格各有異同，但拳理則一致，各有側重，異曲同工，都為太極拳發展而作出了重要貢獻。

〈附錄2〉

拳　論

張三豐

　　一舉動中周身俱要輕靈，尤須貫串，氣宜鼓蕩、神宜內斂，無使有缺陷處、無使有凸凹處、無使有斷續處，其根在腳，發於腿、主宰於腰、形於手指，由腳而腿而腰。總須完整一氣，向前退後乃能得機得勢，有不得機得勢處，身便散亂，其病必於腰腿求之，上下前後皆然。凡此皆是。

　　意不在外面，有上即有下，有前則有後，有左則有右，如意要向上即寓下意，若將物掀起即加以挫之之意；斯其根自斷。乃壞之速，而無疑。虛實宜分清楚，一處有一處虛實。周身節節貫串，無令絲毫間斷耳。

　　長拳者，如長江大海滔滔不絕也。掤、挒、擠、按、採、挒、肘、靠，此八卦也。進步、退步、左顧、右盼、中定，此五行也，「掤挒擠按」，即乾坤坎離四正方也。「採挒肘靠」，即巽震兌艮四斜角也。「進退顧盼定」，即金木水火土也。合之則為「十三勢」也。

　　【原注云：此係武當山張三豐祖師遺論欲天下豪傑延年益壽不徒作技藝之末也】

〈附錄3〉

太極拳論

王宗岳

　　太極者，無極而生，動靜之機，陰陽之母也。動之則分，靜之則合。無過不及，隨曲就伸。人剛我柔謂之「走」，我順人背謂之「黏」。動急則急應，動緩則緩隨。雖變化萬端，而理唯一貫。由著熟而漸悟懂勁，由懂勁而皆及神明。然非用力之久，不能豁然貫通焉！

　　虛領頂勁，氣沉丹田，不偏不倚，忽隱忽現。左重則左虛，右重則右杳。仰之則彌高，俯之則彌深。進之則愈長，退之則愈促。一羽不能加，蠅蟲不能落。人不知我，我獨知人。英雄所向無敵，蓋皆由此而及也！

　　斯技旁門甚多，雖勢有區別，概不外壯欺弱，慢讓快耳！有力打無力，手慢讓手快，是皆先天自然之能，非關力學而有為也！查「四兩撥千斤」之句，顯非力勝；觀耄耋能禦眾之形，快何能為?!

　　立如枰準，活似車輪。偏沉則隨，雙重則滯。每見數年純功，不能運化者，率皆自為人制，雙重之病未悟耳！

　　欲避此病，須知陰陽：黏即是走，走即是黏；陰不離陽，陽不離陰；陰陽相濟，方為懂勁。懂勁後愈練愈精，默識揣摩，漸至從心所欲。

　　本是「捨己從人」，多誤「捨近求遠」。所謂「差之毫釐，謬之千里」，學者不可不詳辯焉！是為論。

〈附錄4〉

拳道述真

一、不丟不頂貫始終

　　太極拳前輩在記錄太極拳理論時，經常會有一些自相矛盾，或這個階段適用那個階段卻不適用的理論，如「避實擊虛」，和「遇虛當守、得實即發」。太極拳的各種看似有道理的理論，在太極拳修煉的各個階段也許並不是全部適用的，因為記錄這些理論的前輩都是根據自己當時的太極拳水準總結出來的，後人不論是否適合自己的層次，一概奉為圭臬，這顯然是不智之舉。那麼，太極拳有沒有一直要習練者奉行的準則呢？我的「心道太極拳」是有的，這就是不丟不頂。

　　不丟不頂首見《打手歌》，之後在各種太極拳書籍和大師們的解釋，大多是隨對手所動，也就是要做到捨己從人，《打手歌》中也將「沾連黏隨」做為修煉「不丟不頂」的四大關鍵。但我覺得這種解釋還是比較片面的，並沒有完全抓住太極拳乃至內家拳的修煉要義。

　　太極拳是修煉人與自然和諧的關係，不但要與自然互動還要融入自然，渾然一體，天人合一。「心道太極拳」就是以自心出發來尋找天人合一的自然之道。不丟是為了

自身不散，不散便要求整，周身一家，在勁階段整體運動，在氣階段周身相隨，在意階段意氣勁內外相合，一舉動周身俱要輕靈，一動周身無有不動，一靜周身無有不靜，形意拳一步一樁，整體運動、八卦掌進退隨心，仍是周身整體。所以說，不丟即為不丟自身，不丟即是整。不頂更是符合自然之理，如水不爭，隨圓就方，不與自然相爭，不與萬物相抗。

「心道太極拳」練習的特點是一切從本心出發，不丟不頂也要從自己的身心來找到練習的訣竅。所謂不丟不頂就是在整的基礎上，不但不和外在自然環境頂，也不能和自己頂。

不和天地萬物頂，而是一切溶於自然，自身變成自然的一部分，借力借氣為我所用。在推手或實戰時，要知道對手也是外在環境的一部分，自然也就不與之相抗了，而是順其來力，當心有所感，對手與周邊環境出現相頂相爭或不均整時（因為與環境想頂會出現滯、斷等錯誤，不整就是丟），便會自然相擊了，說的明白點，這時是可以借到大自然的力量的（力均勻的可以借到反作用力，氣均勻的可以借到氣）。

自己不和自己頂，在各個階段的表現形式是不一樣的，比如肩鬆不下來，在前幾個階段是妨礙勁的傳遞，這時我們就可以說肩和腳頂了，抵消了一部分勁。而在能感覺到氣運行的練習者，就要提高對鬆肩水準的要求了，勁雖然可以不頂，但鬆的不夠的話，胸口的氣沉不下來，這時會造成氣滯，對身體不但有害，也會影響勁的運行，這

時就是氣頂（氣與對手的氣頂，也是一種頂）。

不與自然頂和不與自己頂，其實是一回事，因為自己也是自然環境的一部分，只有不執著自身，一切依照本心，才能從與自然外界相爭到慢慢的相同步而至相溶。

二、形、氣、意、神皆包容

要想做到不與外界自然環境和內在自身頂，就必須在拳架、站樁、試力、推手四大入門基本功上下工夫，還要明白每一階段我們練得究竟是做什麼用的，這樣練的目的是什麼，而不是傻練。

站樁和拳架的目的，在外形階段（也就是勁均勻以前），是練習鬆身，周身從上往下一步步往下鬆，首先要做到勁力不頂，勁力的傳遞順了，外三合就完成了，這是外形上的不丟不頂，外形上的鬆（我指的是真鬆，有丟、散、斷的不是鬆哦）到一定的程度，就明白這樣的放鬆目的實際是為了讓氣血通順。在氣血通順的基礎上，再來感知身體有沒有僵緊的地方，有僵就妨礙氣血的運行，在勁與氣沒有合好的情況下，氣不順力是發不出的，因為這時需要勁氣相合，也就是內外相合，這樣才符合太極勁（氣至則力必達，氣者力也）。

這時的試力和推手是練習感知外在自然環境對自身順遂的影響，自身由與外界相爭到與外界一致乃至相溶，完全與自然一體，這時才能前進後退無不得機得勢。

太極拳是一層功夫一層理，勁不順時就聽不到氣頂，氣不通達時也談不到意會不會頂，這裡要告訴大家的是，

無論拳架還是推手、站樁、試力（後期站樁就是試力，試力就是站樁）都要不丟不頂，不但勁不頂，氣、意、後期講到的神都不能頂（在明勁階段，意氣一定是頂的，氣順時意會頂，只有內三合全部完成，這些才會不頂。但有其他的東西頂，只有空時才會完全不頂）。

三、「守中用中」中何在

守中用中在太極拳推手和散手中都是十分重要的原則。但對中的定義並沒有統一的認識，大家都搞不懂，「中」究竟是什麼，該怎麼守怎樣用？

據說楊露蟬曾經說過，占住中線往開裡打。這應該是太極拳最早記錄用中的說法了，這是說中就是對手的中心線，這對於剛接觸推手的練習者來說是比較容易理解的，因為人體的中心線往往是重心線，破壞了中心線，使對手中間斷勁，比較容易破壞對手重心。楊家拳譜也說：「可謂太極圖之中線，人體之中脈，『發於中，形於外，達於四圍』」，就是這個意思。

太極圖圓轉不定，陰陽無時無刻不在轉換之中，何況陰陽本是一體，如何尋覓中線？要想把握陰陽，必須知道無中任何東西都不可分，只要分了陰陽，就是有中。明白了嗎？

我前面講過太極拳不是陰陽拳，「太極者，無極而生，陰陽之母也」，太極是陰陽不斷運動的，為什麼運動？就是不讓你有機會同時控制事物的兩面。陰中有陽，陽內含陰，陰陽有無限可分性，所以太極圖裡是沒有中線

的（太極是把中藏起來，到了無極就真沒有了）。

我們說「守中用中」是因為我們練習太極拳要把中藏起來，因為我們還沒練到沒有中（空了就沒中）。這就明白了，中就是破綻，它不一定在人體的中線，因為我們破壞的是對手的重心，重心一般出現在力的頂點，所以中就是你頂的地方。有的人說不是我斷的地方嗎？你斷就不整，不整就是丟，丟就周身全都頂。

四、長、短、剛、柔俱相同

太極拳開始入門時，大家接觸的都是長勁，長勁是一種以移動重心發出的緩慢釋放的持續勁，這種勁有兩個標準：一是在一定開合間移動重心；二是勁中含化。無論拳架還是推手，如果違背了這兩點就無法形成太極勁。

在一定範圍內進行移動重心的開合，就是為了在發力的時候，也是整體的運動。我們提出練習試力就是為了加強這意識，太極拳架為什麼要緩慢的移動，這也是重要的原因。勁中含有化勁，就是為了不頂，在發勁的方向上也不與包括對手在內的自然環境頂。

有人說短勁是不用移動重心，利用身體內部的運動來發出的，這種定義是不對的，短勁無論從運動的路線，還是重心的移動上都和長勁是相同的，速度上雖有變化，但仍是遵循長勁的標準來運動的，只不過是身體進一步放鬆，打出來的速度加快了而已。

在剛練習發短勁的時，確實是有丹田內爆等現象，這是因為氣和外形仍沒有形成統一，也就是內外沒合，這時

發出的短勁，有一部分因為氣頂的原因反作用到自己，會有一定傷害性（陳式太極拳在這階段，有一些人的練法確實是值得商榷），隨著聽勁的上升，明白不能和自己頂的道理後，短勁會變得自然順遂，和長勁一樣。

剛與柔在字面上是相對立的，就像陽與陰一樣。但在太極的原理上，我們卻知道陰陽有無限可分性，陰中有陽，陽內含陰，剛柔其實也是相同的道理。剛柔其本質是一樣的，比如，我要發力打人（打人一定用剛力），肩放鬆（肩關節的拉遠放長）時可以發力，因為肩放鬆後，胸口的氣就沉了，肩關節就不會頂自己傳動上來的力了，氣沉下去了，胸口就不會頂了，這時發出的剛勁才是有效的，否則發出的就是肌肉的蠻力。所以剛勁一定是鬆柔發出的，否則就是頂。反之，一味講柔，就容易散，不是整體，前面講過不整就是丟。

在不丟不頂的大原則下，我們會發現太極拳從入門到最後的無極，道理都是一樣的，就是要溶於自然，這會讓我們更加瞭解事物的本質，體會矛盾的對立與統一。

五、神明便是心頭念

在意念不丟不頂的情況下，我們就可以控制自己的頭腦了，在臨敵時才是真正的知己功夫。整個的心道太極拳的訓練系統，都是為了瞭解自己，控制自己去符合自然。在這個基礎上我們就可以尋找入道的路口了。

在我們可以控制意的時候，我們會發現有一種意識仍然無法控制，這種意識既不是主動意識也不是潛意識，他

是來自我們內心的真實想法，這種想法在意之前產生，是自身行為最忠實的體現（聽到這種想法必須是意均勻時才可以聽到）。

心起的念頭不同於物質，它不能被看見，也不能被聽見，它只可以被心感知到，這是它的基本特點。這種念頭具有不受控制和連續性的特點，一個人的起心動念根本不受大腦控制。我們會有這樣的經歷，有時突然說出來的話，想都沒想，卻是內心的最真實的反映，真實到自己都不相信，經過大腦一想，我剛才說錯話了，那不是我的想法，卻不知這才是最真實的。有時一個人自言自語，還有比如推手時會做一些經常重複的動作，這就是心起念連續的特性。

念是每個人都有的，只是被意掩蓋住了，太極拳練到這裡，就可以聽到他的存在了。念會自己跑出來，東想西想的，所以我們必須嘗試控制他，透過站樁和推手來感覺心不動的狀態，去一點一點體會內心，控制念的出尖，把他做均勻了，這時便找到真正的靜。

他的檢驗標準就是不在意，這時聽力已經達到相當的程度，對於一些自然之理已能分辨的細緻入微，對外來力、氣、意洞若觀火，是真的可以不在意，而不是像一些太極拳大師裝出來的不在意。

真假不在意的分別是，假不在意，是意會在對手身上，但是散的，這時受到攻擊意念會頂，靜是感覺不到意，卻是整的（因為念是整的，受到攻擊時，念會攻擊對方心動的一瞬間出現的點，被打的人根本不知道為什麼會

被打）。

　　我曾經懷疑過練功夫要經過這麼多彎路和關口才能感知到靜，是不是太慢了？人家佛家、道家入門就是練靜了，好多人的太極拳幾十年了還在形上和氣上徘徊呢，我們的入道之路也太慢了吧？後來我發現佛家、道家更多的修練者這一關根本入不了門，好像靜下來了，念卻不知跑到哪裡去了，所以我們分辨有沒有開悟的高人時只要看他在不在意（不在意心才不會亂，才對萬事萬物順遂，才會和人與自然不丟不頂）就可以了。我們透過聽自身和外在自然的變化，卻更能體會自己的內心，所以心的念也不能出尖。

　　至於為什麼說心頭念就是神明呢？聽力已經到了對手想一下都會讓他出尖的地步還不是神明呀？（念均勻完全符合前人對神明境界的描述）

六、明心見性即為空

　　空即是本性，這是經過不斷驗證過的。佛家講究一切皆空，便是直指人的本性。《楞嚴經》上有這樣一段話：「真心無形象，無色彩，非過現未，非香味觸法。但它是有，不是無。」這說的是本性必須要用真心來尋找，他不能用具體的現象來作為判斷的依據，而是靠內心真實的感覺。空不是什麼都沒有，而是一切都有。

　　心本來都是明的，但人在後天成長受到妄想、僵力、頂撞、執著等煩惱把它障礙住，所以不能明悟，只有把這些逐漸化掉，才能恢復心的本性。

　　我們以武入道之路到這裡就變成了以心悟道了，在靜（念均勻）的基礎上，來逐漸感知，千萬不要想，想了就是念或意而不是空。空不需要均勻，因為空是什麼都有的沒有。

　　在念均勻的狀態下，就不能增強武術的用法了，因為一旦想用，就不均勻了，念就會出尖，也就是說，你雖然聽到對手的心念出尖或斷，一想用就變成意了。但這時的聽勁非常恐怖，變成用意還是可以比對手快，所以聽勁判斷出的心念斷是可以用的。到了空時，是無我無人，我即自然，對手違背自然，肯定會受到懲罰，但是怎麼產生的反擊，因為不能想，所以不知道。這才是太極拳說的「打人兩不知」。

後　記

　　什麼是中華武功，司馬遷在《史記》上已經說得很清楚：「習練劍術，內可治身、外可防身、君子比德。」就是說，功夫不僅是防身健身的技術，更是一種道德追求。它是一種技、身、心的價值體系。

　　中國傳統的內家拳最能代表中華武術，因為它不僅僅是一種武術技術，更是中華傳統文化的重要載體。武醫同源、武道同源、深符易理、內外兼修，學習傳統內家拳不僅可以身輕體健，更可對中華傳統文化有更深的認識。

　　我自幼好武，有幸得到多位武林前輩的悉心教導，是以我對內家功夫的精髓頗為瞭解。因年少時家境殷實，得家人資助，周遊各地遍訪名家，在此過程中，得到了不少良師益友的指點幫助，但也感到武林弊端門戶之見嚴重，各派敝帚自珍，真正的訣竅秘不示人，使習練者雖經苦練，卻不得其門而入。常此以往，中華功夫必淪為表演和健身的工具，面臨失傳的危險。

　　我寫本書的目的很明確，一是在教學中能合理的安排訓練項目，而不是老師想到哪裡就講到哪裡，不顧學生的進度。練功方法能由淺入深，循序漸進。學生也可以對照進度，不急於求成。

　　二是拋磚引玉，公開所謂的不傳之秘，讓學拳之路不那麼艱難。近年太極武術書籍眾多，但涉及真正核心的東

西其實很少，大多談養生和動作，希望本書能為內家拳理的探討起到鋪路的作用。

三是在教學上，我提出了新的方法，這些方法在我十幾年的教學過程中證明是有效的，希望同道們可以借鑒嘗試，從中得到助益。

臺灣企業家陳立宜博士和詹志輝博士在百忙之中為本書作序，非常感謝，太極拳是內家拳法，其博大精深，具中華傳統學術之理，囊括所有武學之道，可謂「拳術之冠」。要想練到高深境界必要高深的學識，具有大智慧的靈根，二位先生都是科技界一時俊傑，雖尊我為師，實是慚愧，希共同研究探討，以證張三豐、王宗岳之論並非虛言。

內家高手能子先生、武當派晏洪濤先生，是武術界的實戰派，與我相交十幾年，在追求武術真諦的道路上互相幫助，可謂良師益友，感謝二位在本書的創作過程中給予的幫助。感謝福田國際電子商務產業園董事長、太極拳協會會長張革私先生，在現代化園區率先成立太極拳研究會，提供人力物力，使傳統文化在現代科技工作者中生根發芽，所思所為對太極拳的推廣實是功德無量。感謝為本書出版而辛苦工作的編輯及其他的朋友們。

如有同道就本書內容欲與本人進行探討，不勝歡迎，即請致電：13662659012

QQ475628624　或電郵475628624@qq.com

〈寫於後記之後〉

武道入道之道

　　外國人多把技擊稱為「道」，而中國人比較自謙，認為技擊之學不足以入道，只能稱為「術」。但就是這「小術」所繁衍出的道理卻是無止無休，令人欲罷不能的。武術（這裡指內家拳）的修煉不但可以入道，只要路走的對，甚至於能比其他修行方式更快地領悟到終極的奧秘。

　　自古及今，「神明」境界是為歷代太極拳家所公認的最高境界，從王宗岳的太極拳論到後代拳師（如唐豪、沈壽等前輩）的注解都說明了這一點，但解釋的都語焉不詳，似是而非，含糊不定。

　　這只能說明作者們對此境界雖心嚮往之，卻力不能至，或限於文化表達不清。不然這境界就算只可意會不可言傳，思路和修煉方法總能說出來吧？別對我說唯靠自悟，這是我經常說來忽悠人的。

　　「神明」並不是武道的最高境界，而是通往以武入道的必經之路，是技擊技術的頂峰，是人類肉體和精神完美的結合，如果只摸到一點門檻就來表述，那我只能借用王薌齋宗師的一句話「亦非通家」來評論了。

　　本書成書於西元 2014 年底，當時與人民體育出版社的朱先生接洽簡體字版，蒙其看重，一直計畫出版，但種

種原因推遲至2016年，才又談及出版之事。雖是新書，對我而言卻是舊著。(正體字版——大展出版社有限公司)

在這一年中，得到了陳立宜先生的大力幫助，他以做科學實驗的方式，對內家拳立體的剖析，對歷代拳家的論著大膽假設、小心求證，完成了大量工作，我們一起用全新的、不同於練武者的視角來看待拳學，使我對心道太極拳「神明」境界的理論體系得以完善，對古老的中華內家拳有了新的認知，忍不住想把它記述下來。

太極拳的各個階段我在本書中已經做了大量介紹了，但為了表達的清楚，前後連貫，我在這篇文字中就把太極拳分成十個等級，再做介紹，重複難免，那就請把它作為單獨的文章來看待吧！

一、肌肉力（後天明勁）階段

推手中以力頂力，胳膊粗力氣大就占上風，別管丟不丟手，也別論中正出尖。當然，有時也化一下，告訴大家練的是太極拳，硬推硬摔，雖說不對，卻也練得熱火朝天，大家心情愉快，也是一種遊戲方式。

初學時做為提高學習興趣的手段，這樣遊戲是可以的，但不能做為技術練習，更不能用來比賽。這樣長期練習等於根基就是歪的，很難進步。但它也是入門的階段，隨著聽力和化勁的增加，會逐漸不用肌肉力頂勁了。

在這個階段，教練一定要耐心引導，我常告訴這個階段的學生不要覺得自己力大，對手頂不住，你一定會碰上比你力更大的對手。

二、僵柔階段

這個階段的風格是知道不能頂，可又鬆的不夠，不太能化乾淨對手的力。不自覺的又會頂上了，或者容易丟勁。往往推不過肌肉力的對手。對肌肉力的對手不服氣可又沒辦法，就不敢與其推手，或是也恢復到肌肉力與對手硬頂了。

這前兩個階段的練習者非常多，往往練習數年甚至十餘年仍保持這樣的進度。造成這樣的局面是不肯徹底放棄肌肉力的原因。不是不知道正確的方法，而是覺得好用，不肯捨棄。捨得捨得，沒有捨就別想得了。

和肌肉力的對手推手，化不了就被推一下唄，又不能怎麼樣，早晚能化得了，何必爭一時的勝負呢？到時還要感謝對手的餵勁呢！

僵柔階段是每個練習者必過的階段，如能捨得肌肉力，請進下一階段。

三、上鬆下實

這一階段是鬆沉勁的入門功夫，我在「鬆沉第一關」中有過介紹，但那篇文章是指在整個鬆沉勁當中應該做到的。對於剛剛入門的練習者，顯然要求過高了，在這一階段，只要做到上身能順來力，不丟不頂，立身中正，守中用中，勁往下沉，立地生根，能分辨對手明勁的虛實和力源。藉助地面的反作用力能用出合勁反擊。

這個階段對定步推手而言，在當今也算個「高手」

了，所以在這裡止步的也非常多，但說實話雖然聽勁和化勁都有點基礎了，這也是只能玩不能實用的，出去用只能讓人看不起太極拳。

掌握了合勁，卻捨得不用，而是用黏勁控制對手使其更加背勢的練習者，請進下一階段。

四、一步一樁

步子動的起來，是這一階段的目的。沒人會和你定步打架。步子不但要能動，還要動的輕，動的均勻。只有輕、均勻，才能不頂，不但不和對手的腳頂，也不能和地面頂。雖然不頂，但每一步都是有根的，這就需要長期的拳架、站樁和試力的練習，練法我在前面都有介紹。

這一關比較難練也比較難理解，就是你抬起來的腳和地面還有聯繫，支撐的腳和地面沒有頂的感覺，推手聽不到你腳上的力源，沒法來判斷你的步子。順便說一句，八卦掌就是從這裡開始練的，能走出一步一樁，正確的練習要三年，太極拳前面的基礎要是打好了，也要刻苦的練習一年以上才能達到要求。

這個階段的特點是不論移動速度多快，都可以借到地面的反作用力，在運動中可以隨時運用合勁，發、化自如。

五、輕活順隨

和上一階段練得東西一樣，只是不用太在意腳下了，把活步推手當成定步推手練，會發現要求都一樣，移動不

移動是相對的。

這個階段能熟練運用各種太極拳技巧，甚至不限於推手而可以在散手中運用了。這時的身手會讓人產生自信，但可惜的是這時的技擊水準其實並不高，錯覺的來源是你經常找抬不起腳還處於前三階段的太極習練者推手，或者和沒練過功夫的人玩散手。

下個階段才是真正的高手入門。

六、圓活不斷

這個階段就是找到渾圓力，練習方法和狀態我都寫進了本書的「周身勁渾圓」一文，請參閱練習。特別提醒的是，一定是有了腳下移動的均勻，才有周身的均勻。

達到渾圓勁以後是勁均勻。

請大家記住均勻這個詞。

這個階段的重要標準是「力不及身」。

七、氣與勁合

我在前面提到內外要相合。這裡再強調一下，因為太重要了。在周身勁均勻的情況下，內氣肯定也是充足的，大多數學者會認為這時氣與勁一定是合的，這看法對也不對。相對於勁來說，氣是與勁合的，因為勁是均勻的，但對於氣來說，勁對她是種限制，因為對敵時，意鎖在敵身，氣去追意，必然在勁先。也就是說，勁沒出尖，氣在出尖。

這時需要重新練習腳下氣均勻，等到周身氣均勻了才

與外形也就是勁合了。

這個階段非常重要，是鬆沉勁的頂端，輕靈勁的開始，是神明境界的鑰匙。氣均勻了以後可自由運用氣的收發，感知非常神奇！

這個階段的重要標準是「氣不及身」。

八、氣與意合

我們都知道，不論推手還是散手，意都要看住對手的中，「意在敵先」，但放出去的意，想收回來，是有時間差的，意再輕，也是出尖，是有跡可循的。氣均勻的人是可以聽到意出尖的，所以意要與氣相合。意均勻也是從腳下練起，等到周身意念均勻了，自然與氣相合。

意均勻以後，完全不受拘束，是真正的「有意無意是真意」。

這個階段的重要標準是「意不及身」。

九、神明出焉

神也要均勻嗎？是的，神均勻是勁、氣、意的整合，是返璞歸真。早在練習氣均勻開始，其實真正的考驗就來了，它就是要捨棄前面練習的一切外形上的東西，甚至鬆沉勁的練法全部改變。以前的世界觀要全部顛覆和重組。

以前練到的東西是很好用的，這麼多年練功習慣也是不願捨棄的。這時好用是我們最大的敵人，因為大多數練習者只想按以前的方法讓自己更好。

從氣均勻開始，都要重新練習最基本的站樁、試力、

拳架。秘訣是練習鬆的順序與以前練習的順序相反。

神明階段雖然是形、勁、氣、意的整合，但由靜到動時期是要丟掉意的。不是「有意無意是真意」，而是真的丟掉意，就像氣均勻時要丟掉形一樣，是接近於「空」的狀態。（神明以前，包括神明階段都是「假空」，還虛後才是「空」。）

十、練神還虛

這是練習中意外的發現，但我可以肯定這不屬於武學的範疇，所以不做介紹了。

在太極拳練到高深的階段時，動與靜、剛與柔、都是一回事。要從「有」練到「沒有」，再把「沒有」練到「沒有」就是所謂的「空」（執著「沒有」是還沒捨得）。這時要拋棄「樁」，也就是拋棄最後的束縛。

這篇文字之所以寫於後記之後，實際上是因為是否將其發表，讓我難以決定，如果因為記述的問題，而將習練者引入歧途或引發同道爭議，實非出於本意。但思悟道之艱，印證之難，不如具實錄出，以待有緣。知我罪我，如此而已！

養生保健

古今養生保健法 強身健體增加身體免疫力

 醫療養生氣功
 中國氣功圖譜
 少林醫療氣功精粹
 體形實用氣功
 魚戲增視強身氣功
 道家玄牝氣功
 仙家秘傳祛病功

 少林十大健身功
 中國自控氣功
 醫療防癌氣功
 醫療強身氣功
 醫療點穴氣功
 中國八卦如意功
 正宗鶴體堂養氣功

 道家筋經內丹功
 三元開慧功
 防癌治癌新氣功
 尋定與勞家氣功修練
 顛倒之術
 簡明氣功辭典
 八卦三合功

 朱砂掌健身養生功
 抗老功
 意識按穴排濁自療法
 健身祛病小功法
 張氏太極混元功
 中國少林禪密功
 郭林新氣功

 太極
 現代原始氣功
 開脈太極
 道家功
 太極內功養生法
 無極養生氣功
 小周天健康法

 易筋經
 洗髓經
 精功易筋經
 武當劍丹心法氣功
 手太健身法
 養生導引術
 武當道教養生武當功

 太極拳內功養生心法
 毫拳養生秘傳
 靜坐要訣
 啟動自癒力
 洗髓經健身術
 少林大佛打坐功

健康加油站

健康加油站

武術武道技術

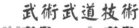

截拳道入門

體育教材

老拳譜新編

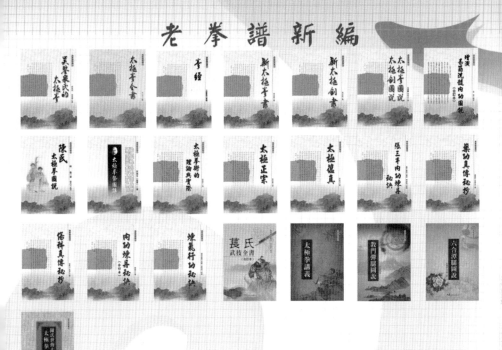

武學釋典

歡迎至本公司購買書籍

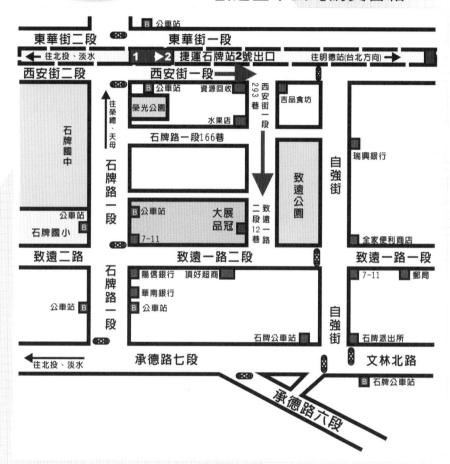

建議路線

1.搭乘捷運・公車

　　淡水線石牌站下車，由石牌捷運站２號出口出站(出站後靠右邊)，沿著捷運高架往台北方向走(往明德站方向)，其街名為西安街，約走100公尺(勿超過紅綠燈)，由西安街一段293巷進來(巷口有一公車站牌，站名為自強街口)，本公司位於致遠公園對面。搭公車者請於石牌站(石牌派出所)下車，走進自強街，遇致遠路口左轉，右手邊第一條巷子即為本社位置。

2.自行開車或騎車

　　由承德路接石牌路，看到陽信銀行右轉，此條即為致遠一路二段，在遇到自強街(紅綠燈)前的巷子(致遠公園)左轉，即可看到本公司招牌。

國家圖書館出版品預行編目資料

以心悟道練太極／劉駿濤　著
　　──初版──臺北市，大展，2017〔民106.03〕
　　面；21公分──（武學釋典；26）
　　ISBN 978-986-346-153-1　（平裝）
　　1.太極拳
　　528.972　　　　　　　　　　　106000185

以心悟道練太極──從一點不會到太極拳高手

著　　　者／劉　駿　濤

責任編輯／孟　　　甫

發 行 人／蔡　森　明

出 版 者／大展出版社有限公司

社　　　址／台北市北投區（石牌）致遠一路2段12巷1號

電　　　話／(02) 28236031・28236033・28233123

傳　　　真／(02) 28272069

郵政劃撥／01669551

網　　　址／www.dah-jaan.com.tw

E-mail／service@dah-jaan.com.tw

登 記 證／局版臺業字第2171號

承 印 者／傳興印刷有限公司

裝　　　訂／眾友企業公司

排 版 者／千兵企業有限公司

初版1刷／2017年（民106年）3月

定　　價／250元

大展好書　好書大展

品嘗好書　冠群可期